"十三五"高等职业教育汽车类专业"互联网+"创新教材

汽车发动机机械系统检修

主　编　闫寒乙　关　斌

副主编　马　勇　周　克　吴志强　吴　珊

参　编　梁　乾　张欢唱　付　宽　唐　宏
　　　　张武寿　贺金溪　陈　捷　任水善

主　审　闫　军

机械工业出版社

本书以汽车机电维修岗位发动机机械系统检修的典型工作任务为主要内容，以雪佛兰科鲁兹轿车 LDE 发动机为技术依据，以工作过程为导向，对教学内容进行了重组和整合。全书共分为发动机气缸压力的检测、发动机总成的认识与拆卸、曲柄连杆机构的检测与维修、配气机构的检测与维修、润滑系统的检测与维修、冷却系统的检测与维修、发动机总装与验收 7 个学习项目，共计 23 个学习任务。

同时，本书配套实训工作页（需另行购买），电子课件（www.cmpedu.com 免费注册下载），原理动画、技能微课视频（扫书中二维码观看），并通过信息化教学手段将纸质教材与课程资源有机结合，为资源丰富的"互联网＋"智慧教材。

本书可作为职业院校汽车检测与维修技术、汽车运用技术等汽车类专业的教材，也可作为汽车维修技能社会培训用书，还可供汽车维修技术人员参考使用。

本书配套电子课件可登录 www.cmpedu.com 以教师身份免费注册、下载。编辑咨询电话 010-88379865。

图书在版编目（CIP）数据

汽车发动机机械系统检修/闫寒乙，关斌主编 . —北京：机械工业出版社，2018.10（2025.1 重印）

"十三五"高等职业教育汽车类专业"互联网＋"创新教材

ISBN 978-7-111-61122-6

Ⅰ.①汽…　Ⅱ.①闫…②关…　Ⅲ.①汽车 - 发动机 - 机械系统 - 车辆检修 - 高等职业教育 - 教材　Ⅳ.①U472.43

中国版本图书馆 CIP 数据核字（2018）第 234611 号

机械工业出版社（北京市百万庄大街 22 号　邮政编码 100037）
策划编辑：曹新宇　责任编辑：曹新宇　牛砚斐
责任校对：张　薇　封面设计：鞠　杨
责任印制：常天培
固安县铭成印刷有限公司印刷
2025 年 1 月第 1 版第 5 次印刷
184mm×260mm·9 印张·215 千字
标准书号：ISBN 978-7-111-61122-6
定价：25.00 元

电话服务　　　　　　　　　网络服务
客服电话：010-88361066　　机　工　官　网：www.cmpbook.com
　　　　　010-88379833　　机　工　官　博：weibo.com/cmp1952
　　　　　010-68326294　　金　书　网：www.golden-book.com
封底无防伪标均为盗版　机工教育服务网：www.cmpedu.com

前　言

　　为深入贯彻《国家教育事业发展"十三五"规划》《教育信息化"十三五"规划》等文件的精神，坚持以服务发展为宗旨，以促进就业为导向，以培养能力为目标，以应用能力为核心，加强教学建设和教学改革，加大教育信息化推广力度，编者们结合高等职业教育的特点，在对汽车企业进行广泛调研的基础上编写了本书。

　　本书以"基于工作过程系统化的学习领域课程"理念为指导，以"行动导向"的教学改革为方向，以汽车机电维修岗位发动机机械系统检修的典型工作任务为内容，以雪佛兰科鲁兹轿车 LDE 发动机为技术依据，以工作过程为导向，对教学内容进行了重组和整合。全书共分为发动机气缸压力的检测、发动机总成的认识与拆卸、曲柄连杆机构的检测与维修、配气机构的检测与维修、润滑系统的检测与维修、冷却系统的检测与维修、发动机总装与验收 7 个学习项目，共计 23 个学习任务。本书注重任务实施的过程性与完整性，突出了以技能为核心的课程理念。本书紧扣实训车型的培训资料与维修手册，理论知识讲解深入浅出、透彻明了，任务实施的步骤规范科学、有据可循。本书各项目内容与建议学时如下：

项　　目	项目内容	建议学时
项目 1	发动机气缸压力的检测	4
项目 2	发动机总成的认识与拆卸	12
项目 3	曲柄连杆机构的检测与维修	30
项目 4	配气机构的检测与维修	26
项目 5	润滑系统的检测与维修	12
项目 6	冷却系统的检测与维修	12
项目 7	发动机总装与验收	12
合计		108

　　本书配套电子课件、原理动画、技能微课视频，并通过信息化教学手段将纸质教材与课程资源有机结合，为资源丰富的"互联网＋"智慧教材。与本书配套的《汽车发动机机械系统检修实训工作页》同时出版，供读者选用，以方便实训课程的组织与实施。

　　本书由闫寒乙、关斌担任主编，汉中职业技术学院闫军教授担任主审。编写分工如下：项目 1 由渭南职业技术学院关斌编写；项目 2 由汉中职业技术学院马勇编写；项目 3、项目4 由汉中职业技术学院闫寒乙编写；项目 5 由咸阳职业技术学院吴珊编写；项目 6 由汉中职业技术学院周克编写；项目 7 由汉中职业技术学院吴志强编写。参与本书编写工作的还有梁乾、张欢唱、付宽、唐宏、张武寿、贺金溪、陈捷、任水善等，他们为本书提供了大量任务实施的教学素材。

本书配套的动画、技能微课等资源由深圳风向标教育资源股份有限公司制作，浙江吉利控股集团有限公司、陕西唐龙汽车集团有限公司、汉中鼎鑫汽车销售有限公司等企业为本书的编写提供了设备、技术支持，在编写本书的过程中参阅了大量的书籍和资料，在此对相关人员及企业一并表示感谢！

由于编者水平有限，书中难免会有疏漏和不足之处，恳请业内专家、同仁、广大读者批评指正，欢迎大家咨询交流（416720417@qq.com）。

编　者

目 录

二维码索引

（续）

序号	名　称	图　形	页码	序号	名　称	图　形	页码
17	机油滤清器的检修		100	21	冷却液的更换		120
18	机油泵的检修		103	22	发动机装配工艺规程		124
19	冷却风扇、散热器的检修		111	23	发动机验收基本条件		132
20	水泵、节温器的检修		116				

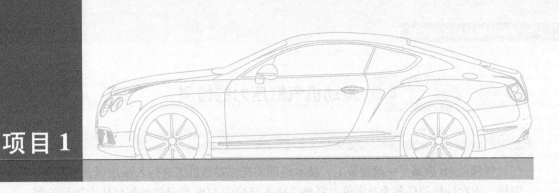

项目 1

发动机气缸压力的检测

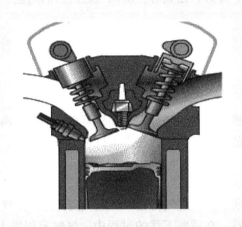

📠 【项目导读】

描述	气缸压力的检测是汽车发动机机械系统检修的常规检测项目。气缸压缩情况对发动机工作性能的影响很大，通过对气缸压力的检测，可以诊断气门、活塞组的密封情况等。
任务	任务　发动机气缸压力的检测

发动机气缸压力的检测

【任务导入】

雪佛兰 4S 店来了一批新员工，技术经理委托你对新员工进行入职培训，按照培训计划安排，本次的培训任务为对雪佛兰科鲁兹轿车装配的 LDE 发动机的气缸压力进行检测。

【任务目标】

1. 能通过查阅相关维修技术资料等方式，获取车辆资讯与信息。
2. 掌握汽车发动机工作原理。
3. 能正确使用工具、量具，完成对发动机气缸压力的测量。

【知识准备】

一、四冲程汽油机的工作原理

发动机是一种能量转换的机器。四冲程发动机是指曲轴旋转两周，活塞在气缸内往复四个行程完成一个工作循环的发动机。四冲程发动机按进气、压缩、做功、排气的工作顺序反复运转。

1. 进气行程

进气行程如图 1-1-1 所示。在进气行程中，进气门打开，排气门关闭，转动的曲轴带动活塞从上止点向下止点运动。在活塞下移的过程中，气缸容积增大，压力降低而形成真空，将空气和燃油的混合物吸入气缸，并在气缸内进一步形成可燃混合气。由于进气系统的阻力，进气终了时气缸内气体的压力略低于大气压，为 0.075 ~ 0.090MPa。由于气缸壁、活塞等高温件以及上一个循环留下的高温残余废气的余热，此时气体温度为 370 ~ 400K。

2. 压缩行程

压缩行程如图 1-1-2 所示。在此行程中，进、排气门均关闭，曲轴继续推动活塞由下止点向上止点移动。气缸容积不断变小，气缸内混合气体被压缩，其温度和压力升高，活塞到

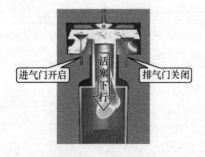

图 1-1-1 进气行程

图 1-1-2 压缩行程

达上止点，压缩行程结束。压缩终了时，混合气被压入活塞上方很小的燃烧室中。此时，混合气压力高达 0.600~1.200MPa，温度可达 600~700K。

发动机的压缩比大，则混合气燃烧迅速，发动机发出的功率大，经济性好；但压缩比过大，会导致爆燃和表面点火等不正常燃烧现象的出现，从而造成发动机过热、功率下降、油耗增加等一系列不良后果。因此，在提高汽油机压缩比时，必须防止爆燃和表面点火现象的发生。

3. 做功行程

做功行程如图 1-1-3 所示。在压缩行程接近终了时，火花塞产生电火花点燃混合气。此时，进、排气门仍关闭。混合气的迅速燃烧使气缸内气体的温度和压力迅速升高，在高温高压气体作用力的推动下，活塞由上止点向下止点运动，并通过连杆使曲轴旋转运动，进而产生转矩而做功，发动机至此完成了一次将热能转变为机械能的过程。做功行程中气缸内最高压力可达 3.000~5.000MPa，最高温度可达 2200~2800K，而在做功终了时气缸内压力下降至 0.300~0.500MPa，温度下降至 1300~1600K。

4. 排气行程

排气行程如图 1-1-4 所示。混合气燃烧后成为废气，应从气缸内排出，以便下一个工作循环得以进行。因此，当做功行程接近终了时，排气门打开，进气门仍关闭，废气因其压力高于大气压而自动排出。此外，当活塞越过下止点上移时，还靠活塞的推挤作用强制排气。活塞到上止点附近时，排气行程结束。排气终了时，气缸内压力为 0.105~0.115MPa，温度为 900~1200K。

图 1-1-3　做功行程

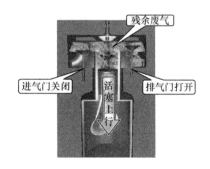

图 1-1-4　排气行程

二、气缸压力异常的原因

气缸压力异常的常见原因见表 1-1-1。气缸压力的检测方法为气缸压缩压力检测法，其是指在发动机不着火的前提下，用气缸压力表检测活塞到达压缩行程上止点时气缸内的压力。此方法具有实用性强和测量方便等优点，因此在汽车维修作业时应用十分广泛。

表 1-1-1　气缸压力异常的常见原因

气缸压缩压力检测结果	可能原因
某一气缸压力过低	气缸、活塞、活塞环磨损过大； 活塞环对口、卡死、断裂； 进、排气门密封性不良，气门间隙过小，气门弹簧损坏； 气缸垫损坏不密封

（续）

气缸压缩压力检测结果	可能原因
相邻两气缸压力过低	两气缸相邻处的气缸垫损坏窜气
全部或多数气缸压力过低	气缸盖下平面翘曲
气缸压力过高	燃烧室内积炭过多造成燃烧室容积变小

三、气缸压力表

气缸压力表是一种气体压力表，由表头、导管、单向阀和接头等组成，如图1-1-5所示。气缸压力表接头有螺纹接头、锥形或阶梯形橡胶接头两种。螺纹接头可以拧紧在火花塞上或喷油器螺纹孔中。单向阀处于关闭位置时，可保持压力表指针位置不动；单向阀打开时，可使压力表指针回零，以便下次测量。

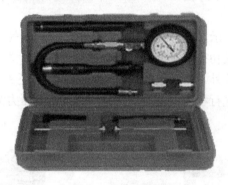

图1-1-5　气缸压力表

✖【任务实施】

发动机气缸压力的检测

一、任务准备

1. 实训设备

雪佛兰科鲁兹轿车及LDE发动机实训台。

2. 实训工具

气缸压力表、万用表、汽车拆装常用工具。

3. 实训资料

实训工作页、维修手册、教材。

4. 辅助材料

翼子板布和前格栅布、防护三件套、抹布、白板笔等。

二、任务实施

1. 车辆基本检查

1）实训车辆安全防护。

2）登记车辆基本信息。

3）车辆油、水、电基本检查。

2. 气缸压力的检测

（1）气缸压力的检测条件 由于气缸压力受很多因素的影响，所以测量气缸压力必须在下列条件下进行：

1）蓄电池电量充足（12V）。

2）用规定的力矩拧紧气缸盖螺栓。

3）彻底清洗空气滤清器或更换新的空气滤清器。

4）发动机达到正常的工作温度（冷却液温度为 80~90℃，机油温度为 70~90℃）。

5）用起动机拖动卸除全部火花塞的发动机运转，汽油发动机转速为 200~300r/min，或按维修手册规定。

（2）气缸压力的检测方法

1）拆下空气滤清器，用压缩空气吹净火花塞周围脏物；拔下各缸点火线圈插头，防止各缸点火；拔下所有喷油器插头。

2）使用专用工具拧下全部火花塞，火花塞位置如图 1-1-6 所示。

3）将气缸压力表的螺纹接头拧紧在被测气缸的火花塞螺纹孔上，如图 1-1-7 所示。

图 1-1-6 火花塞安装位置

图 1-1-7 使用气缸压力表测量气缸压力

4）将节气门置于全开位置，用起动机转动曲轴 3~5s，待压力表指针指示并保持最大压力后停止转动；取下压力表，记录读数，按下单向阀使指针归零。

5）依次测量各缸压力，每缸测量不少于两次，每缸测量结果取最大值。发动机的气缸压力应符合原厂设计规定，每缸压力与各缸平均压力的差，汽油机不超过 8%，柴油机不超过 10%。

（3）检测气缸压力的注意事项

1）不能在冷车时测缸压。由于温度和大气压等因素的影响，只有在发动机达到正常的工作温度时测得的缸压才具有实质性的参考价值。

2）对于电控车，必须拆下燃油泵熔断器或其他继电器、熔断器再测量，否则往往会导致"淹缸"以及缸压偏低的情况。

3）测量过程中，必须将节气门、阻风门全部打开。否则会由于燃烧室内进气量不足而导致缸压偏低。

4）由于缸压测量具有一定的偶然性，只测一次往往不准确，只有经过 2～3 次测量然后取其平均值，测量结果才有效。

5）测量中起动机运转时间不能过长或过短。时间过长会消耗过多电能并且损害起动机，过短则达不到测量标准。

（4）测量结果分析　气缸压力的测量结果如高于原设计值，可能是燃烧室内积炭过多、气缸垫过薄或气缸体与气缸盖结合平面修理加工过甚造成的。

气缸压力的测量结果如低于原设计值，说明气缸密封性变差，可向该缸火花塞孔内注入少量机油再进行测量，并进一步记录诊断。

1）第二次测得的压力值比第一次高，接近标准压力，表明是气缸活塞环、活塞磨损过大或活塞环对口、卡死、断裂及气缸壁拉伤等原因造成气缸密封不严。

2）第二次测得的压力值与第一次相近，即仍比标准压力低，说明进、排气门或气缸垫密封不良。

3）相邻气缸两次测量结果均比标准压力低，说明是两气缸相邻处的气缸垫烧损窜气。

☞【任务小结】

本任务主要介绍了四冲程汽油机的工作过程和气缸压力产生的机理及作用。通过任务训练，学生可以独立完成用气缸压力表检测气缸压力，进而达到理论与实践相结合的目标。

📠【知识拓展】——四冲程柴油机

一、四冲程柴油机的工作原理

四冲程柴油机与四冲程汽油机的工作原理有一个共同的特点，即每一个工作循环同样包括进气、压缩、做功和排气四个行程，如图 1-1-8 所示。不同之处在于柴油机使用的燃料是柴油，柴油与汽油有较大的差别，柴油黏度大、不易蒸发、自燃温度低，故可燃混合气的形成方式、着火方式、燃烧过程以及气体温度压力的变化都和汽油机不同。

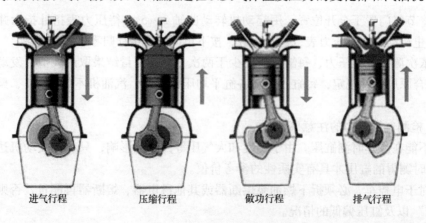

| 进气行程 | 压缩行程 | 做功行程 | 排气行程 |

图 1-1-8　柴油机工作原理示意图

1. 进气行程

柴油机吸入气缸的是纯空气而不是可燃混合气，进气终了时气体压力略高于汽油机而气体温度略低于汽油机。进气终了时气体压力为 0.079 ～ 0.093MPa，气体温度为 300 ～ 370K。

2. 压缩行程

压缩行程压缩的也是纯空气，在压缩行程接近上止点时，喷油器将高压柴油以雾状喷入燃烧室。柴油机的压缩比比汽油机的压缩比大很多（一般为 16 ～ 22），压缩终了时气体温度和压力都比汽油机高，气体压力为 3.500 ～ 4.500MPa，气体温度为 750 ～ 1000K。

3. 做功行程

柴油喷入气缸后，在很短的时间内与空气混合后便立即着火燃烧，柴油机的可燃混合气是在气缸内部形成的，而不像汽油机在气缸外部形成。柴油机燃烧过程中气缸内的最高压力要比汽油机高得多，可达 6.000 ～ 9.000MPa，最高温度也可达 2000 ～ 2500K。做功终了时，气体压力为 0.200 ～ 0.400MPa，气体温度为 1200 ～ 1500K。

4. 排气行程

柴油机的排气行程和汽油机一样，废气同样经排气管排入到大气中去，排气终了时，气缸内气体压力为 0.105 ～ 0.125MPa，气体温度为 800 ～ 1000K。

二、四冲程发动机的工作特点

1）发动机的每一个工作循环曲轴转两周（720°），每一个行程曲轴转半周（180°），进气行程是进气门开启，排气行程是排气门开启，其余两个行程进、排气门均关闭。

2）四个行程中，只有做功行程产生动力，其他三个行程是为做功行程做准备工作的辅助行程，虽然做功行程是主要行程，但其他三个行程也必不可少。

3）在发动机运转的第一个循环，必须有外力使曲轴旋转完成进气、压缩行程，着火后完成做功行程，并依靠曲轴和飞轮贮存的能量自行完成以后的行程，此后的工作循环发动机无须外力就可自行完成。

三、柴油机与汽油机的不同之处

1）汽油机的混合气通常是在气缸外部形成的，而柴油机的混合气是在气缸内部形成的。汽油机在进气行程中，吸入的通常是汽油和空气的混合气，而柴油机在进气行程中，吸入气缸内的是纯净的空气。

2）汽油机在压缩终了时，靠火花塞强制点火，使汽油和空气的混合气着火燃烧；而柴油机则靠高温高压的气体使柴油在气缸内吸收热量自行着火燃烧。

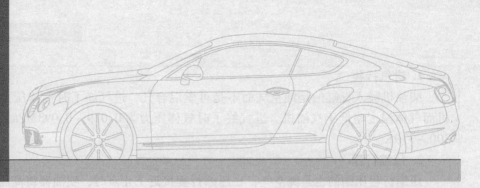

项目 2

发动机总成的认识与拆卸

【项目导读】

描述	本项目介绍了汽车发动机的总体构造、汽车发动机拆卸的工艺流程及工具的正确使用方法。通过了解发动机的结构与现场拆卸实践，学生可进一步熟悉发动机的基本组成及结构特点，掌握常用工具及维修设备的使用方法。
任务	任务　发动机总成的认识与拆卸

任务　发动机总成的认识与拆卸

【任务导入】

雪佛兰 4S 店来了一批新员工，技术经理委托你对新员工进行入职培训，按照培训计划安排，本次的培训任务为对雪佛兰科鲁兹轿车装配的 LDE 发动机进行拆解。

【任务目标】

1. 能通过查阅相关维修技术资料等方式，获取车辆资讯与信息。
2. 掌握汽车发动机机械系统总成拆卸要领和工具的安全使用方法。
3. 掌握发动机拆卸工艺流程。

【知识准备】

发动机是一种由许多机构和系统组成的复杂机器。一般汽油发动机由曲柄连杆机构、配气机构、燃料供给系统、润滑系统、冷却系统、点火系统、起动系统（简称为两大机构和五大系统）组成。

1. 曲柄连杆机构

曲柄连杆机构的作用是将燃烧时产生的热能转变为活塞往复运动的机械能，再通过连杆将活塞的往复运动变为曲轴的旋转运动，从而对外输出动力。曲柄连杆机构通常由机体组、活塞连杆组和曲轴飞轮组三部分组成，如图 2-1-1 所示。

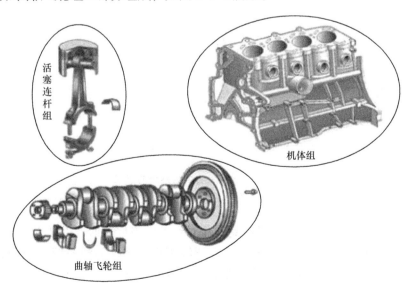

活塞连杆组

机体组

曲轴飞轮组

图 2-1-1　曲柄连杆机构

2. 配气机构

配气机构的功用是根据发动机的工作顺序和工作过程，定时开启和关闭进、排气门，使可燃混合气或空气进入气缸，并使废气从气缸内排出，实现换气过程。配气机构一般由气门组和气门传动组两部分组成，如图2-1-2所示。现代汽车大部分采用气门顶置式配气机构。

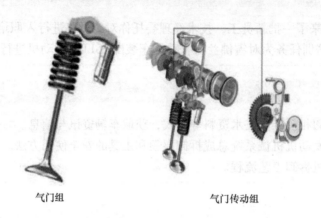

气门组　　　　　　　　　　气门传动组

图 2-1-2　配气机构

3. 燃料供给系统

汽油机燃料供给系统的功用是把汽油和空气混合成合适的可燃混合气供入气缸，以供燃烧，并将燃烧生成的废气排出发动机。汽油机燃料供给系统分为化油器式燃料供给系统和电控汽油供给系统两大类，前者现在已经不再采用。电控汽油供给系统由燃油箱、电动燃油泵、燃油滤清器、进油管、油轨、油压调节器、喷油器、回油管组成，如图2-1-3所示。

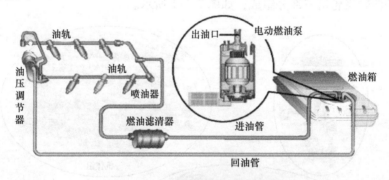

图 2-1-3　电控汽油供给系统的组成

4. 润滑系统

润滑系统的主要作用是将机油供给到作相对运动的零件表面，以减少它们之间的摩擦阻力，减轻机件的磨损，并冷却摩擦零件，清洗零件表面。润滑系统一般由油底壳、机油泵、限压阀及旁通阀、机油滤清器、机油冷却器、传感器和机油压力表及温度表等组成，如图2-1-4所示。

5. 冷却系统

冷却系统的作用是通过冷却介质把发动机的热量散发到大气中，以保证发动机在最佳工

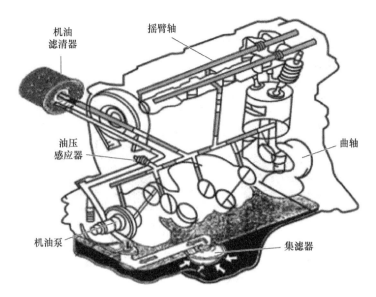

图 2-1-4　润滑系统的组成

作温度下正常工作。水冷系统主要由散热器、风扇、水泵、水管、水套、节温器和冷却液温度监测及控制装置等组成，如图 2-1-5 所示。

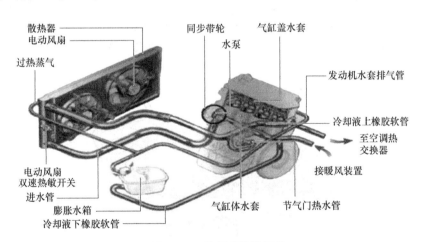

图 2-1-5　冷却系统的组成

6. 点火系统

点火系统的作用是通过火花塞产生的高压电火花定时点燃气缸中被压缩的可燃混合气。点火系统根据其发展过程，可分为传统点火系统、电子点火系统。

传统点火系统主要由电源（蓄电池和发电机）、点火线圈、分电器、火花塞、点火开关和附加电阻等部分组成，如图 2-1-6 所示。

电子点火系统（ESA）根据各种传感器或断电器触点产生的点火信号，由电控单元确定点火提前角和通电时间，并发出点火控制信号，通过点火控制器和点火线圈将电源的低压电转变成高压电，以控制点火系统的工作。

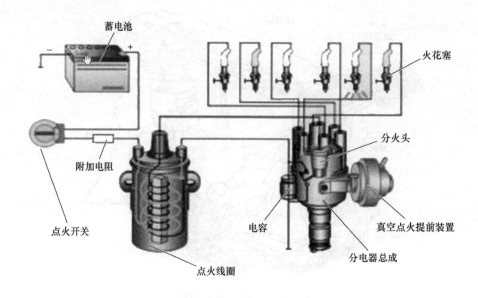

图 2-1-6 传统点火系统的组成

7. 起动系统

起动系统的作用是使发动机由静止状态过渡到工作状态。发动机开始工作前必须先用外力转动曲轴，使活塞作往复运动，气缸内的可燃混合气燃烧膨胀做功，推动活塞向下运动使曲轴旋转，从而使发动机自行运转。起动系统一般由起动机、蓄电池、点火开关等组成，如图 2-1-7 所示。

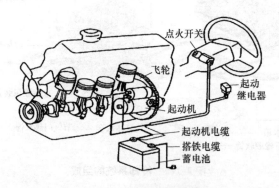

图 2-1-7 起动系统的组成

✖【任务实施】

一、任务准备

1. 实训设备
雪佛兰科鲁兹轿车及 LDE 发动机实训台。

2. 实训工具
发动机拆装常用工具和专用工具。

发动机总成的认识
与拆卸

3. 实训资料

实训工作页、维修手册、教材。

4. 辅助材料

抹布、白板笔等。

二、任务实施

1. 安全注意事项

1）学习实训室工作规则，树立安全第一的理念，避免产生人身和设备事故。

2）按要求穿戴合适的工作服和工作鞋，避免穿光滑底的运动鞋。

3）保持工作场地的清洁，避免机油溅洒在地面上，拆装工具和零部件放在专用盆器里。

4）搬运发动机等重物应戴手套并采用专用设备。

5）注意用电、用油安全。

6）正确选用拆装工具，注意各种螺栓的拆装力矩，避免用力过大伤及周围人员或将螺栓拧断。

2. 发动机拆卸步骤与注意事项

（1）拆卸发动机外部零部件

1）观察发动机外表，掌握各部件的名称、安装位置及其所属机构或系统。

2）拆卸机油尺套管，如图2-1-8所示。

3）拆卸进、排气歧管，如图2-1-9所示。

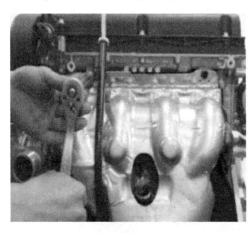

图2-1-8　拆卸机油尺套管

图2-1-9　拆卸进、排气歧管

（2）拆卸配气机构传动组件

1）旋松正时同步带护罩的固定螺钉，拆卸正时同步带护罩，如图2-1-10所示。观察凸轮轴正时带轮的记号，如图2-1-11所示，以备以后正确安装。

2）旋松气缸盖罩的固定螺栓，拆卸气缸盖罩，如图2-1-12所示。

3）将凸轮轴正时带轮锁止工具插入凸轮轴正时带轮中，如图2-1-13所示。

4）安装正时同步带张紧器杆，并沿顺时针方向对正时同步带张紧器施加张力，如图2-1-14所示。

5）安装飞轮固定工具，并通过起动机齿圈锁止飞轮，如图 2-1-15 所示。

图 2-1-10　拆卸正时同步带护罩

图 2-1-11　凸轮轴正时带轮记号

图 2-1-12　拆卸气缸盖罩

图 2-1-13　安装正时带轮锁止装置

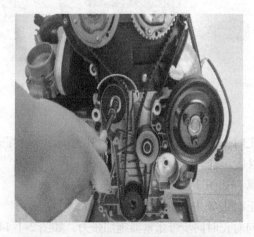

图 2-1-14　安装正时同步带张紧器杆

图 2-1-15　安装飞轮固定工具

6）拆卸曲轴扭转减振器螺栓，如图 2-1-16 所示，然后拆下曲轴扭转减振器。

7）拆卸 4 个正时同步带下前盖螺栓，拆卸正时同步带下前盖，如图 2-1-17 所示。

图 2-1-16　拆卸曲轴扭转减振器螺栓

图 2-1-17　拆卸正时同步带下前盖

8）拆卸正时同步带惰轮螺栓和正时同步带惰轮，如图 2-1-18 所示。

9）拆卸张紧器螺栓和正时同步带张紧器，如图 2-1-19 所示。

图 2-1-18　拆卸正时同步带惰轮

图 2-1-19　拆卸正时同步带张紧器

10）拆卸正时同步带，如图 2-1-20 所示。

11）拆卸飞轮固定工具以解锁曲轴。

12）沿发动机旋转方向逆向转动曲轴 60°，如图 2-1-21 所示。

13）拆卸 2 个凸轮轴位置执行器调节器封闭螺栓，如图 2-1-22 所示。

14）松开排气凸轮轴和进气凸轮轴调节器，使用呆扳手反向支撑凸轮轴，如图 2-1-23 所示，拆卸排气凸轮轴调节器和进气凸轮轴调节器。

15）拆卸正时同步带后盖螺栓，取下正时同步带后盖，如图 2-1-24 所示。

16）拆卸进、排气凸轮轴位置传感器，如图 2-1-25 所示。

图 2-1-20 拆卸正时同步带

图 2-1-21 逆向转动曲轴60°

图 2-1-22 拆卸封闭螺栓

图 2-1-23 呆扳手反向支撑凸轮轴

图 2-1-24 取下正时同步带后盖

图 2-1-25 拆卸凸轮轴位置传感器

17）拆卸 4 个凸轮轴轴承盖螺栓，取下第一凸轮轴轴承盖，如图 2-1-26 所示。

18）从外到内螺旋式松开 8 个排气凸轮轴轴承盖螺栓，拆卸 8 个排气凸轮轴轴承盖螺栓，拆卸排气凸轮轴，如图 2-1-27 所示。

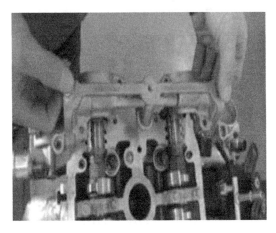

图 2-1-26　第一凸轮轴轴承盖

图 2-1-27　拆卸排气凸轮轴

19）从外到内螺旋式松开 8 个进气凸轮轴轴承盖螺栓，拆卸 8 个进气凸轮轴轴承盖螺栓，拆卸进气凸轮轴，如图 2-1-28 所示。

20）将密封圈从凸轮轴上分离，使用挺柱抽吸装置拆卸 16 个气门挺柱。

（3）拆卸机体组件

1）按照图 2-1-29 中数字所示的顺序从外到内拆卸气缸盖的 10 个固定螺栓，抬下气缸盖。

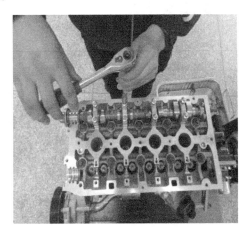

图 2-1-28　拆卸进气凸轮轴

图 2-1-29　拆卸气缸盖螺栓

2）取下气缸垫，注意气缸垫的安装方向。

3）旋松油底壳的放油螺塞，放出油底壳内的机油。

4）翻转发动机，拆卸油底壳固定螺钉（注意螺钉也应从两端向中间旋松）。

5）旋松机油滤清器固定螺钉，拆卸机油滤清器、机油泵链轮和机油泵。

（4）拆卸配气机构气门组件

1）用专用工具将气门弹簧座压下，拆卸气门锁片，如图2-1-30所示。

图2-1-30　拆卸气门锁片

图2-1-31　拆卸气门油封

2）拆卸气门弹簧座、气门弹簧和气门。

3）用专用工具拆卸气门油封，如图2-1-31所示。

4）按顺序摆放好拆下的零件，不可混乱，如图2-1-32所示。

（5）拆卸发动机活塞连杆组

1）安装曲轴扭转减振器螺栓，如图2-1-33所示。

图2-1-32　顺序摆放零件

图2-1-33　安装曲轴扭转减振器螺栓

2）转动曲轴，使发动机第一缸、第四缸活塞处于上止点，如图2-1-34所示。

3）分别拆卸第一缸、第四缸的连杆紧固螺母，取下连杆轴承盖，如图2-1-35所示。

4）用橡胶锤或锤子木柄分别推出第一缸、第四缸的活塞连杆组件，从气缸体上方接住并取出活塞连杆组件，注意活塞安装方向，如图2-1-36所示。

5）将连杆轴承盖、连杆螺栓、螺母按原位置装回，不同缸的连杆也不能互相调换。

6）用同样的方法拆卸第二缸、第三缸的活塞连杆组。

图 2-1-34 设置第一缸、第四缸为上止点

图 2-1-35 拆卸连杆轴承盖螺母

7）采用专用的活塞环装卸钳拆卸各缸活塞环，如图 2-1-37 所示。

图 2-1-36 标记活塞连杆组

图 2-1-37 拆卸活塞环

8）采用卡簧钳拆卸活塞销卡环，如 2-1-38 所示。

9）在油压机上进行活塞销的拆卸；如无油压机，也可以将活塞连杆组浸入 60℃ 的热水或机油中加热，然后用专用工具进行拆卸。

（6）拆卸发动机曲轴飞轮组

1）用专用工具通过起动机齿圈锁止飞轮，旋松飞轮紧固螺钉，拆卸飞轮，如图 2-1-39 所示。

2）拆卸发动机前盖（机油泵壳体），如图 2-1-40 所示。

3）拆卸曲轴位置传感器螺栓，将曲轴位置传感器从曲轴后油封壳体上拆下，拆卸曲轴后油封壳体及油封，如图 2-1-41 所示。

4）用拆卸工具将曲轴前油封从曲轴上拆下。

5）按如图 2-1-42 所示序号从两端到中间依次旋松曲轴主轴承盖 10 个紧固螺栓。

6）拆卸主轴承盖，取出曲轴，如图 2-1-43 所示。

图 2-1-38　拆装活塞销卡环

图 2-1-39　拆卸飞轮

图 2-1-40　拆卸发动机前盖

图 2-1-41　拆卸曲轴后油封

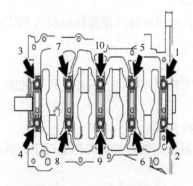

图 2-1-42　拆卸主轴承盖螺栓

图 2-1-43　取出曲轴

7）从气缸体上拆卸 5 个主轴承，如图 2-1-44 所示；从 5 个轴承盖上拆卸 5 个主轴承，如图 2-1-45 所示，并按正确顺序放好。

图 2-1-44　气缸体上拆卸主轴承

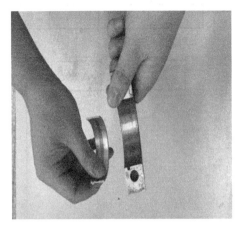

图 2-1-45　轴承盖上拆卸主轴承

◇【任务小结】

本任务主要介绍了汽车发动机的总体构造、汽油发动机的拆卸步骤、拆卸注意事项、拆卸过程中使用的工具与设备。通过拆卸实训，加强学生对汽车发动机总体构造的认识，使其掌握拆装设备、工具的正确使用方法，为进一步学习汽车发动机相关知识打下一定的基础。

【知识拓展】——内燃机产品名称与型号编制规则

为了便于内燃机的生产管理和使用，国家标准（GB/T 725—2008）《内燃机产品名称和型号编制规则》中对内燃机的名称和型号作了统一规定。

一、内燃机的名称和型号

内燃机名称均按所使用的燃料命名，例如汽油机、柴油机、煤气机等。
内燃机型号由阿拉伯数字和汉语拼音字母组成。
内燃机型号包括以下四部分：

1. 首部
首部为产品系列符号或制造商代号，由制造商根据需要自选相应字母表示。

2. 中部
中部由气缸数、冲程符号、气缸布置形式符号和缸径符号等组成。

3. 后部
后部由结构特征符号和用途特征符号组成，以字母表示。

4. 尾部
尾部为区分符号。同一系列产品因改进等原因需要区分时，由制造商选用适当符号表示。后部和尾部可用"－"分隔。

内燃机型号的排列顺序及符号所代表的意义规定如图 2-1-46 所示。

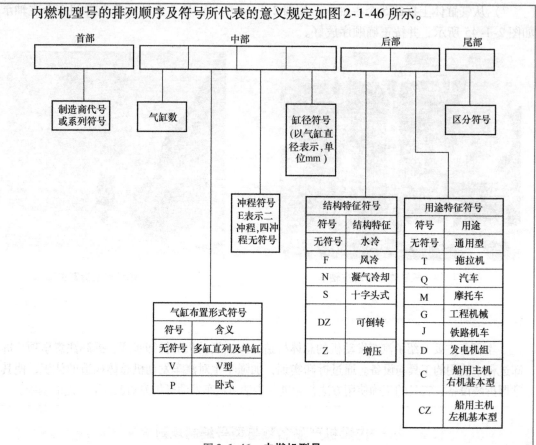

图 2-1-46　内燃机型号

二、型号编制举例

1. 汽油发动机

1E65F 表示单缸，二冲程，缸径 65mm，风冷，通用型。

4100Q 表示四缸，直列，四冲程，缸径 100mm，水冷，汽车用。

4100Q-4 表示四缸，直列，四冲程，缸径 100mm，水冷，汽车用，第四种变型产品。

CA6102 表示六缸，直列，四冲程，缸径 102mm，水冷，通用型，CA 表示制造商代号。

2. 柴油发动机

195 表示单缸，四冲程，缸径 95mm，水冷，通用型。

165F 表示单缸，四冲程，缸径 65mm，风冷，通用型。

项目 3

曲柄连杆机构的检测与维修

任务 3.1　气缸体的检修

【任务导入】

　　雪佛兰 4S 店来了一批新员工，技术经理委托你对新员工进行入职培训，按照培训计划安排，本次的培训任务为对雪佛兰科鲁兹轿车装配的 LDE 发动机的气缸体进行检修。

【任务目标】

　　1. 能通过查阅相关维修技术资料等方式，获取车辆资讯与信息。
　　2. 掌握汽车发动机机体组主要零部件的结构。
　　3. 掌握气缸体的检修方法。

【知识准备】

一、机体组

　　机体组是发动机的骨架，是发动机各机构和各系统的安装基础，承受着各种载荷。

　　机体组主要包括气缸体、曲轴箱、气缸盖、气缸盖罩和气缸垫等不动件，如图 3-1-1 所示。

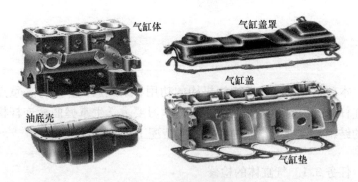

图 3-1-1　发动机机体组组成

1. 气缸体

　　（1）气缸体的结构　气缸体一般由气缸和上曲轴箱组成，且内部铸有冷却水道、机油道等。

　　（2）气缸体的分类　气缸体按照气缸排列形式有直列、V 型和对置三种形式，如图 3-1-2 所示。

　　气缸体下部的结构有一般式、龙门式和隧道式三种形式，如图 3-1-3 所示，其结构特点和优缺点见表 3-1-1。

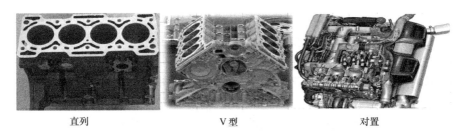

| 直列 | V型 | 对置 |

图 3-1-2   气缸排列方式

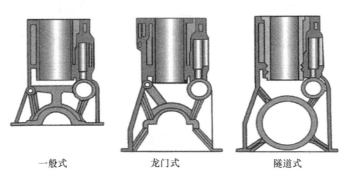

| 一般式 | 龙门式 | 隧道式 |

图 3-1-3   气缸体的结构形式

表 3-1-1   气缸体结构特点和优缺

名　　称	结构特点	优　缺　点
一般式气缸体	油底壳安装平面和曲轴回转中心在同一平面	机体高度小、重量轻、结构紧凑，便于加工，曲轴拆装方便；刚度和强度较差
龙门式气缸体	油底壳安装平面低于曲轴回转中心	强度和刚度都好，能承受较大的机械载荷；工艺性较差，结构笨重，加工较困难
隧道式气缸体	曲轴主轴承座孔为整体式，曲轴从气缸体后部装入	结构紧凑、刚度和强度好；加工精度要求高，工艺性较差，曲轴拆装不方便

2. 气缸盖

（1）气缸盖的结构及作用　气缸盖安装在气缸体的上面，其上装有进气门座、排气门座、进气通道、排气通道等，气缸盖的结构如图 3-1-4 所示。它的主要作用是密封气缸上部，并与活塞顶部和气缸壁一起构成燃烧室。

图 3-1-4   气缸盖结构

（2）汽油机燃烧室　气缸盖是燃烧室的组成部分，燃烧室的形状对发动机的工作影响很大，所以对汽油机燃烧室有三点要求：一是结构紧凑、面容比小、充气效率高；二是能使混合气在压缩终了时形成涡流；三是表面光滑、不易积炭、排气净化效果好。汽油机的燃烧室常见的形状有半球形、楔形和盆形，如图3-1-5所示，其特点及应用见表3-1-2。

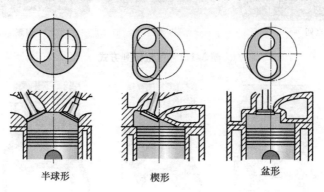

半球形　　　楔形　　　盆形

图 3-1-5　燃烧室的形状

表 3-1-2　燃烧室的特点和应用

名　　称	特　　点	应　　用
半球形燃烧室	结构紧凑、火焰行程短、燃烧速率高、热损失少、热效率高	桑塔纳、夏利、富康
楔形燃烧室	结构简单、紧凑，散热面积小，热损失少；火花塞置于燃烧室最高处，火焰传播距离长	切诺基
盆形燃烧室	工艺性好，成本低；进、排气效果不如半球形燃烧室	捷达、奥迪

3. 气缸垫和气缸盖罩

气缸垫和气缸盖罩如图3-1-6所示。

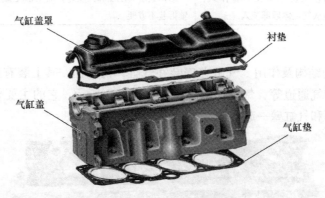

气缸盖罩　　　衬垫　　　气缸盖　　　气缸垫

图 3-1-6　气缸垫和气缸盖罩

气缸垫装在气缸盖和气缸体之间，其功用是保证气缸盖与气缸体接触面的密封，防止漏气、漏水和漏油。气缸垫必须满足以下要求：

1）在高温、高压燃气作用下有足够的强度，不易损坏。

2）耐热、耐腐蚀，不易烧损和变形。

3）具有一定的弹性，能补偿结合面的不平度，以保证密封。

4）拆装方便，能重复使用，寿命长。

发动机大修时，一般需要更换气缸垫。在安装气缸垫时，应将卷边背向需保护的零件，并且所有气缸垫上的孔要和气缸体上的孔对齐。有些气缸垫上标有"朝上"或"TOP"的标记，安装时须注意。

4. 油底壳

油底壳（图3-1-7）的主要功用是储存机油、封闭机体或曲轴箱。油底壳受力很小，一般由薄钢板制成，其形状取决于发动机的总体布置和机油的容量。油底壳内部通常设有挡油板，主要是为防止汽车在行驶过程油面波动过大。油底壳底部的放油螺塞一般是具有磁性的，能吸附机油中的金属颗粒及杂质，以减少发动机运动时零件的磨损。

二、气缸体、气缸盖平面度检查

气缸体上平面发生变形可将刀口形直尺放在平面上，然后用塞尺测量刀口形直尺与平面间的间隙，所测间隙即为平面度误差。检测气缸体上平面的平面度时，应分别沿着气缸体上平面的长度、宽度和对角线方向进行（即6个位置进行测量），如图3-1-8所示。

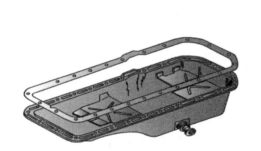
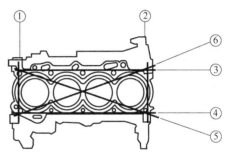

图3-1-7　油底壳　　　　　图3-1-8　气缸体平面度误差检测位置

三、气缸体、气缸盖平面翘曲变形的原因

气缸体与气缸盖在发动机工作过程中可能会产生变形，从而破坏零件的几何形状，使配合表面的相对位置偏差增加。变形超过允许限度时，将会引起漏水、窜气、冲毁气缸垫等故障。气缸体、气缸盖平面翘曲变形的原因主要有以下几方面：

1）制造时未进行时效处理或时效处理不充分，因此零件的内应力很大，在发动机工作过程中受高温作用，内应力重新分配，达到新的平衡，造成零件变形。

2）装配、维修过程中未按工艺规程操作，气缸盖螺栓紧固力矩不均匀，未按规定顺序装卸气缸盖螺栓而引起气缸盖变形；装配过程中气缸盖螺栓的拧紧力矩过大，使螺孔四周因受螺栓拉力作用而凸起。

3）在高温下拆卸气缸盖，使气缸盖发生拱曲；气缸体、气缸盖因裂纹损伤而进行补焊时发生受热变形。

4）气缸垫不平引起漏水、漏气使平面腐蚀，形成斑点；采用环氧浇灌修理工作平面引起变形。

在这些变形中，往往气缸盖变形较大，气缸体变形较小。

✕【任务实施】

气缸体的检修

一、任务准备

1. 实训设备

雪佛兰科鲁兹 LDE 发动机的气缸体或发动机台架。

2. 实训工具

风枪、刮刀、刀口形直尺、塞尺等。

3. 实训资料

实训工作页、维修手册、教材。

4. 辅助材料

抹布、白板笔。

二、任务实施

1. 气缸体与气缸盖变形的检修

（1）检修前准备工作　彻底清理气缸体上平面、气缸盖下平面及气缸体和气缸盖内、外部的油污、积炭和水垢。使用刮刀将气缸体接触表面上所有气缸垫材料清除掉，注意不要刮伤表面。清除飞边并铲平或刮平螺孔周围的轻微凸起。

（2）操作步骤

1）准备清洁的刀口形直尺、塞尺等量具。

2）将 400mm 刀口形直尺轻轻斜放到气缸体上平面上（待测量时再竖直，使刀口与平面接触），选择适当厚度的塞尺，在刀口形直尺与气缸体上平面之间沿着刀口形直尺的长度方向插试。

3）沿着气缸体上平面的长度、宽度以及对角线方向分别检测气缸体上平面的平面度误差，并作好记录，如图 3-1-9 所示。

4）将 50mm 刀口形直尺轻放到气缸体上平面上，选择 0.05mm 塞尺；在螺孔口、水道口以及气缸口等部位检测平面度误差，并作好记录，如图 3-1-10 所示。

图 3-1-9　气缸体上平面的检测

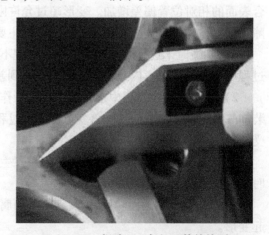

图 3-1-10　螺孔口、气缸口等的检测

5) 与气缸体平面度规格（表3-1-3）进行比较，如果超出技术标准，小面积不平整可用铲削加工，平面变形较大时，应采用磨削加工。

6) 气缸盖变形检修与气缸体变形检修的方法相同。

如果气缸盖下平面平面度误差超出规格，则更换气缸盖。

表3-1-3 科鲁兹LDE发动机气缸体平面度规格表 （单位：mm）

气缸体上平面纵向平面度	气缸体上平面横向平面度
0.05	0.03

2. 气缸体与气缸盖裂纹的检修

气缸盖裂纹经常出现在气门座或气门座圈及火花塞螺孔之间。如果裂纹宽度不超过0.5mm或火花塞螺孔虽有裂纹但不超过头圈范围，则气缸盖可继续使用。

产生裂纹会导致漏气、漏水或漏油现象，裂纹较大时，将使发动机无法工作。气缸体及气缸盖容易产生裂纹的部位与其自身的结构有关，不同车型的气缸体及气缸盖易裂部位也不尽相同，但大多发生在水套的薄壁处以及应力集中的部位。

气缸体和气缸盖裂纹的检查可采用水压试验法，如图3-1-11所示。用专用的盖板封住水道口，用水压机加压，要求在0.2～0.4MPa的压力下保持约5min，然后检查气缸体、气缸盖外表面及气缸和燃烧室等部位，应无任何渗漏现象。

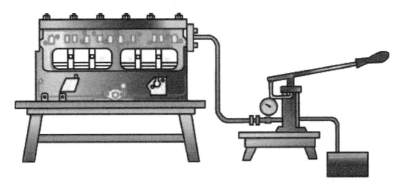

图3-1-11 水压试验法

气缸体裂纹的修理方法有粘接法、焊接法等几种，应根据裂纹大小、所在部位、损伤程度及技术能力等，灵活适当地选择。

◇【任务小结】

本任务主要介绍了汽车发动机机体组的主要组成部件及气缸体与气缸盖的检修方法。通过任务训练，学生可以独立使用专用工具、量具对发动机气缸体、气缸盖进行检修。

📖【知识拓展】——燃烧室容积检测

一、燃烧室容积变化的原因

气缸盖平面经磨削后，会使燃烧室容积变小；局部腐蚀也会使燃烧室容积发生变化，当燃烧室容积偏差超过规定要求时，就会影响发动机怠速运转的稳定性。因此，必须对其进行测量和调整。

二、燃烧室容积的测量

测量前，彻底清除燃烧室内的积炭、油污，将气缸盖置于水平状态，用火花塞堵住火花塞螺孔。将80%煤油和20%机油的混合液缓缓注入燃烧室，使混合液面与气缸盖平面基本齐平；然后把中间带孔的玻璃板盖在燃烧室平面上，用注射器或滴管从玻璃圆孔中注入混合液直至液面与玻璃板相接触；再用注射器将混合液吸入玻璃量杯，观察混合液体积从而确定燃烧室容积。

三、燃烧室容积的调整

若燃烧室的容积偏小，可将燃烧室底部铣去一层金属，或用电蚀法将燃烧室表面蚀去一层。

若燃烧室的容积偏大，可在燃烧室侧壁加焊一层金属。但要注意，燃烧室形状不能变化过大，以免影响气缸盖装合时的密封性。

任务3.2　气缸磨损的检修

【任务导入】

雪佛兰4S店来了一批新员工，技术经理委托你对新员工进行入职培训，按照培训计划安排，本次的培训任务为对雪佛兰科鲁兹轿车装配的LDE发动机的气缸磨损进行检修。

【任务目标】

1. 能通过查阅相关维修技术资料等方式，获取车辆资讯与信息。
2. 掌握汽车发动机气缸结构特点及磨损的规律。
3. 掌握气缸磨损的检修方法。

【知识准备】

一、气缸和气缸套

气缸体内引导活塞作往复运动的圆筒称为气缸，气缸一般有整体式和镶套式两种。

整体式气缸：气缸直接镗在气缸体上，这种气缸强度和刚度都好，能承受较大的载荷，但对材料要求高，成本也比较高。

镶套式气缸：将气缸制造成单独的圆筒形零件（即气缸套），然后再装到气缸体内。制造成本低，便于修理和更换气缸套，延长了气缸的使用寿命。

镶套式气缸又有干式气缸套（图3-2-1）和湿式气缸套（图3-2-2）之分，两者的特点及优缺点见表 3-2-1。

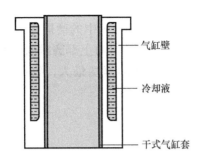

图 3-2-1　干式气缸套

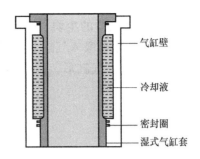

图 3-2-2　湿式气缸套

表 3-2-1　干式气缸套和湿式气缸套的特点及优缺点

名　称	特　点	优　缺　点
干式气缸套	外壁不直接与冷却液接触，壁厚 2～3mm	强度和刚度都比较好；加工复杂，拆装不便，散热不良
湿式气缸套	外壁直接与冷却液接触，壁厚 5～9mm	散热良好、冷却均匀、加工容易；强度和刚度都不如干式气缸套，易漏水

二、气缸磨损的特点及原因

磨损是气缸的主要损伤形式。气缸的磨损程度是衡量发动机是否需要大修的重要依据之一，因为气缸磨损直接造成燃气压力下降，使发动机的动力性和经济性变差。

1. 气缸磨损的特点

气缸是在润滑不良、高温、高压、承受交变载荷和腐蚀性物质作用的条件下工作的。气缸磨损是不均匀的，但正常情况下有一定的规律性。

从气缸的纵断面看，活塞环行程内的磨损一般是上大下小的不规则锥形或锥体。磨损的最大部位在活塞位于上止点时第一道活塞环所对应的气缸壁。在活塞环接触不到的上口，因没有磨损而与磨损部位形成了明显的台阶，称为"缸阶"或"缸肩"。个别情况气缸中部磨损最大，呈腰鼓形。从气缸的横断面看，磨损会使气缸失去原来的正圆，俗称气缸"失圆"。

2. 气缸磨损的原因

气缸磨损主要是由机械磨损、腐蚀磨损和磨料磨损等造成的。

（1）机械磨损　发动机工作时，活塞环承受自身弹力和窜入活塞环背面高压气体的作用，致使活塞环对气缸壁的正压力加大，摩擦力也加大，机油膜被破坏，形成半干摩擦或干摩擦，造成活塞位于上止点时，第一道活塞环对应的气缸壁磨损最为严重，形成沿气缸轴上大下小的锥形磨损。

（2）腐蚀磨损　气缸内可燃混合气燃烧后，产生水蒸气和酸性氧化物 CO_2、SO_2、NO_2，它们溶于水而生成无机酸，同时在燃烧过程中还生成有机酸。这些物质附在气缸表面，对气缸表面产生腐蚀作用，使受腐蚀的气缸表面组织结构松散，并在活塞往复运动中逐渐被活塞环刮掉，造成腐蚀磨损。由于气缸上部不能完全被机油膜覆盖，其腐蚀更加严重。

（3）磨料磨损　空气中的尘埃、机油中的机械杂质、发动机中的磨屑等进入气缸造成磨料磨损。空气中的尘埃被吸入气缸上部，其棱角锋利，因而气缸上部磨损也最大。在风沙严重地区，大量灰尘进入气缸后，由于活塞在气缸中部运动速度最大，致使气缸形成腰鼓形。

三、认识测量工具

1. 游标卡尺

（1）游标卡尺简介　游标卡尺，如图 3-2-3 所示，作为一种被广泛使用的高精度测量工具，它由尺身和附在尺身上能滑动的游标两部分构成。如果按游标的分度值来分，游标卡尺有 0.1mm、0.05mm、0.02mm 三种。

游标卡尺主要用来测量零件的内外径和孔（槽）的深度等。

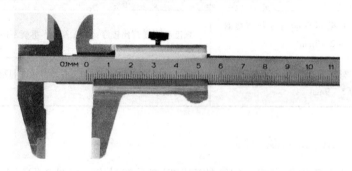

图 3-2-3　游标卡尺

（2）游标卡尺的使用方法　将量爪并拢，查看游标和尺身的零刻度线是否对齐。如果对齐就可以进行测量，如没有对齐则要记取零误差。游标的零刻度线在尺身零刻度线右侧的叫正零误差，在尺身零刻度线左侧的叫负零误差（这种规定方法与数轴的规定一致，原点以右为正，原点以左为负）。

测量时，右手拿住尺身，大拇指移动游标，左手拿待测外径（或内径）的物体，使待测物位于外测量爪之间，当其与量爪紧紧相贴时，即可读数，如图 3-2-4 所示。

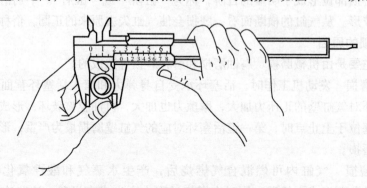

图 3-2-4　游标卡尺的正确使用方法

（3）游标卡尺的读数方法　以分度值为 0.02mm 的精密游标卡尺为例，读数方法可分三步。

1）根据游标零线以左的尺身上的最近刻度读出整毫米数。

2）根据游标零线以右与尺身上的刻度对准的刻度线数乘以 0.02 读出小数。

3）将整数和小数两部分加起来，即为总尺寸。

如图 3-2-5 所示，游标零线所对尺身前面的刻度为 33mm，游标零线后的第 12 条线与尺身的一条刻度线对齐，游标零线后的第 12 条线表示：$0.02mm \times 12 = 0.24mm$，所以被测工件的尺寸为：$33mm + 0.24mm = 33.24mm$。

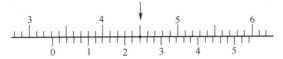

图 3-2-5　**0.02mm 游标卡尺的读数方法**

2. 外径千分尺

（1）外径千分尺简介　外径千分尺（又称螺旋测微器）是比游标卡尺更精密的长度测量仪器。外径千分尺的结构及规格如图 3-2-6 所示。

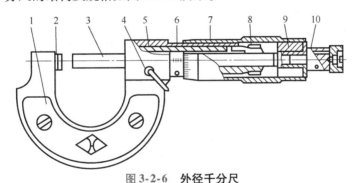

图 3-2-6　**外径千分尺**

1—尺架　2—测砧　3—测微螺杆　4—锁紧装置　5—螺纹轴套　6—固定套管
7—微分筒　8—螺母　9—接头　10—测力装置

（2）外径千分尺的使用方法　首先，将被测物擦干净；其次，松开千分尺锁紧装置，校准零位，转动微分筒，使测砧与测微螺杆之间的距离略大于被测物体；然后，一只手拿千分尺的尺架，将待测物置于测砧与测微螺杆的端面之间，另一只手转动微分筒，当螺杆要接近物体时，改旋测力装置，直至听到"喀喀"声后再轻轻转动 0.5 ~ 1 圈，如图 3-2-7 所示。注意：使用外径千分尺时应轻拿轻放。

（3）外径千分尺的读数方法　外径千分尺固定套管上有两组刻度，两组刻度之间的横线为基线，基线以下为毫米刻度，基线以上为半毫米刻度；微分筒上沿圆周方向有 50 条刻度线，每一条刻度线表示 0.01mm。读数时，固定套管上的读数与百分之一的微分筒读数之和即为测量的尺寸。

如图 3-2-8 所示，固定套管上的读数为 0.5，表示 0.5mm，微分筒上的读数为 40.5，表示 $0.01mm \times 40.5 = 0.405mm$，所以被测工件的尺寸为：$0.5mm + 0.405mm = 0.905mm$。

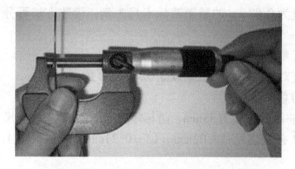

图 3-2-7　外径千分尺的正确使用方法

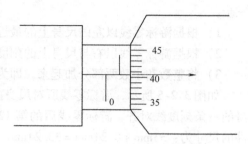

图 3-2-8　外径千分尺的读数方法

3. 量缸表

（1）量缸表简介　量缸表（又称内径指示表）是一种用于测量孔径的比较性量具，在汽车维护中主要用于测量发动机气缸的磨损量及内径。量缸表由指示表、表杆、表杆座、活动测杆、支撑架和一套长度不等的接杆组成，如图 3-2-9 所示。

（2）量缸表的读数方法　如图 3-2-10 所示，量缸表是读取指示表上的数值，指示表表盘刻度为 100格，指针在圆表盘上转动一格为 0.01mm，转动一圈为 1mm；小指针移动一格为 1mm。在具体测量时，若指针顺时针方向离开"0"位，表示缸径小于标准尺寸，测量值为标准缸径与指针转过的数值之差；若指针逆时针方向离开"0"位，表示缸径大于标准尺寸，测量值为标准缸径与指针转过的数值之和。若测量时小指针移动超过 1mm，则应在实际测量值中加上或减去 1mm。

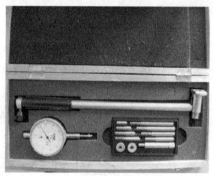

图 3-2-9　量缸表的构造

（3）量缸表的测量方法　将量缸表活动测杆伸入气缸，使活动测杆同气缸轴线保持垂直，如图 3-2-11 所示。摆动量缸表，当指示表指针指示到最小数字时，即表示活动测杆已垂直于气缸轴线，此时表盘上的读数就是实际偏差值。

图 3-2-10　量缸表的读法

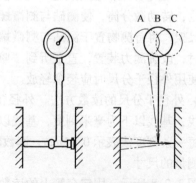

图 3-2-11　量缸表的测量方法

四、计算气缸圆度、圆柱度误差

1. 气缸圆度误差

圆度误差是指同一截面上磨损的不均匀性,用同一横截面上不同方向测得的最大直径与最小直径差值的一半来表示。上、中、下三个截面圆度误差的最大值即为该气缸圆度误差。

2. 气缸圆柱度误差

圆柱度误差是指沿气缸轴线的轴向截面上磨损的不均匀性,气缸圆柱度误差用被测气缸的上、中、下三个截面所测的所有数据中最大直径和最小直径差值的一半来表示。

当气缸圆度和圆柱度误差中的任何一个或同时达到维修标准时(见表 3-2-2),应修理或更换气缸。

表 3-2-2 　 气缸圆度和圆柱度公差 　 　 　 　 　 　 　 　 (单位:mm)

公 差 名 称	汽 油 机	柴 油 机
圆度	0.05	0.065
圆柱度	0.15	0.25

五、气缸修理尺寸的确定

气缸的修理尺寸应按修理级别选择,修理级别一般分为 4 ~ 6 级(小型发动机一般为 4 级,大型发动机为 6 级),气缸直径每加大 0.25mm 为一级,最大不超过 1.00mm 或 1.50mm。

由于气缸可能产生偏磨损,因而采用定位镗缸时,每次修理的修理级差通常都要超过 0.25mm,故常用 +0.50mm、 +1.00mm、 +1.50mm 三级修理尺寸,其余则为辅助级。

气缸的修理尺寸 = 气缸最大直径 + 镗磨余量。

气缸修理最大直径 = 修理等级 × 修理尺寸级差 + 标准缸径。

镗磨余量一般取 0.10 ~ 0.20mm,在保证加工精度和表面粗糙度的前提下尽可能小些。

✖【任务实施】

气缸磨损的检修

一、任务准备

1. 实训设备

雪佛兰科鲁兹 LDE 发动机的气缸体或发动机台架。

2. 实训工具

游标卡尺、外径千分尺、量缸表等。

3. 实训资料

实训工作页、维修手册、教材。

4. 辅助材料

抹布、白板笔。

二、任务实施

1. 检验前准备工作

彻底清理气缸体上、下平面及内、外部的油污、积炭和水垢。使用刮刀将气缸体接触表面上所有气缸垫材料清除掉，注意不要刮伤表面。清除飞边并铲平或刮平螺孔周围的轻微凸起。

2. 气缸测量的操作

1) 清洁被测气缸。

2) 估测缸径大小。使用游标卡尺测量气缸内径，如图3-2-12所示。

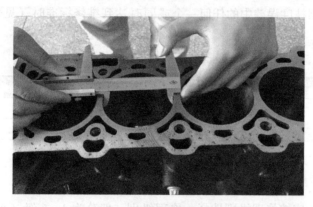

图3-2-12　游标卡尺测量气缸直径

3. 安装量缸表

1) 将指示表装到表杆上，使小指针留有0.5～1mm的压缩量，拧紧固定螺母，如图3-2-13所示。

2) 根据气缸标准尺寸，选择合适的测量接杆，装上后暂不拧紧固定螺母，如图3-2-14所示。

图3-2-13　安装指示表

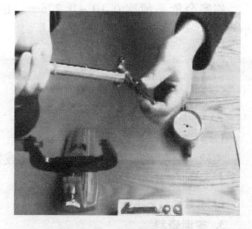

图3-2-14　安装量缸表杆件

4. 调整外径千分尺

把外径千分尺调到被测气缸的标准尺寸，如图3-2-15所示。

5. 校正量缸表

根据气缸的标准尺寸在外径千分尺上校正量缸表。在外径千分尺上调整量缸表接杆的长度，使指示表继续压缩 1.0~1.5mm，扭紧接杆的固定螺母，如图 3-2-16 所示。转动指示表表盘使大指针对准零位。

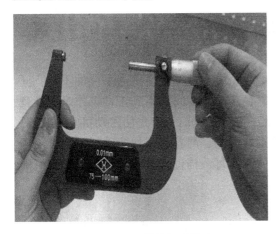

图 3-2-15　调整外径千分尺

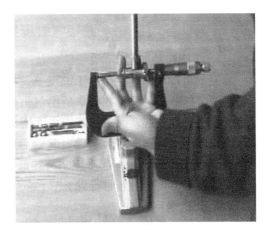

图 3-2-16　校正量缸表

6. 测量部位

将校正后的量缸表活动测杆伸入气缸，在平行于和垂直于曲轴轴线方向的两个方位，沿气缸轴线取上、中、下三个位置进行测量，共测六个数值，如图 3-2-17 所示。上部测量位置一般为活塞位于上止点时，第一道活塞环所对气缸壁处，距气缸上端约 10mm；下部测量位置一般取在气缸套下端以上 10mm 左右处，该部位磨损最小。

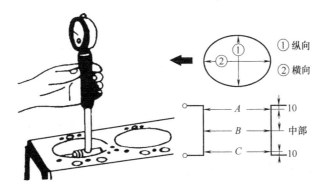

图 3-2-17　气缸磨损测量部位

7. 记录数值并判断气缸技术状况

根据测量值计算气缸圆度和圆柱度误差，根据维修技术标准来判断气缸技术状况。若气缸圆度和圆柱度超过技术标准，应计算并确定气缸修理尺寸，选择修复方法，制订气缸修复工艺。

注意：为了减少气缸磨损、延长发动机的使用寿命，新机在磨合期应严格依照车辆使用说明书的规定进行操作。应正确选择并适时更换机油，保证发动机正常工作温度，尽量避免不必要的急加速、急减速，避免超载和长时间大负荷工作来预防和维护。

⇧【任务小结】

　　本任务主要介绍了气缸磨损的特点、原因及检修方法与相关测量工具的使用方法。通过任务训练，学生可以独立使用专用工具、量具对发动机气缸磨损进行检修。

▤【知识拓展】——减轻气缸磨损的措施

1. 正确起动和起步

　　发动机冷车起动时，由于温度低，机油黏度大、流动性差，使机油泵供油不足；同时，原气缸壁上的机油在停车后沿气缸壁下流，在起动的瞬间得不到正常工作时那样良好的润滑，致使起动时气缸磨损大大增加。因此，初次起动时，应先使发动机空转几圈，待摩擦表面得到润滑后再起动。起动后应怠速运转升温，严禁急踩加速踏板，待机油温度达到40℃时再起步；起步应坚持挂低速档，并循序每一档位行驶一段里程，直到机油温度正常，方可转为正常行驶。

2. 正确选用机油

　　要严格按季节和发动机性能要求选用最佳黏度值的机油，不可随意购用劣质机油，并应经常检查和保持机油的数量与质量。

3. 加强滤清器的维护

　　使空气滤清器、机油滤清器和燃油滤清器保持良好的工作状态，对减轻气缸的磨损至关重要。加强对"三滤"的维护是防止机械杂质进入气缸、减轻气缸磨损、延长发动机使用寿命的一项重要措施，在农村和多风沙地区尤为重要。

4. 保持发动机正常工作温度

　　发动机的正常工作温度为80～90℃。温度过低，不能保持良好的润滑，会增大气缸的磨损，气缸内的水蒸气易凝结成水珠，溶解废气中的酸性气体分子，生成酸性物质，使气缸受到腐蚀磨损。试验表明，当气缸温度由90℃降到50℃时，气缸磨损量为90℃时的四倍。温度过高，会使气缸强度降低而加剧磨损，甚至可能使活塞过度膨胀而造成"胀缸"事故。

5. 提高检修质量

　　在使用过程中，应及时发现问题，及时予以排除，随时更换或维修损坏和变形的配件。安装气缸套时，要严格按技术要求检验和装配。更换活塞环时，要选用弹力适当的活塞环，弹力过小，易使燃气窜入曲轴箱吹落气缸壁上的机油，增大气缸磨损；弹力过大，将直接加剧气缸的磨损，或因气缸壁上的油膜遭到破坏而加剧其磨损。

任务3.3　活塞环的检修

▤【任务导入】

　　雪佛兰4S店来了一批新员工，技术经理委托你对新员工进行入职培训，按照培训计划安排，本次的培训任务为对雪佛兰科鲁兹轿车装配的LDE发动机的活塞环的"三隙"进行检修。

1. 能通过查阅相关维修技术资料等方式，获取车辆资讯与信息。
2. 掌握活塞环的结构及分类。
3. 掌握活塞环的检修方法。

📖 【知识准备】

一、活塞连杆组

活塞连杆组主要由活塞、活塞环、活塞销和连杆等运动件组成，如图 3-3-1 所示。

图 3-3-1　活塞连杆组

二、活塞环

活塞环一般是由合金铸铁材料制造的，分为气环和油环两大类，如图 3-3-2 所示。

（1）气环　气环的作用是保证活塞与气缸壁之间的密封，防止气缸中高温、高压的气体窜入曲轴箱，同时还将活塞顶部的热量传导到气缸壁，再由冷却液或空气带走。气环有开口，为其膨胀预留空间，开口一般有直角开口、阶梯形开口、斜开口等，如图 3-3-3 所示。气环断面形状很多，常见的有矩形环、扭曲环、锥面环、梯形环和桶面环，如图 3-3-4 所示。

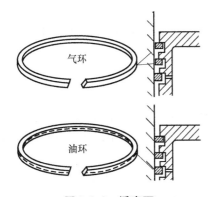

图 3-3-2　活塞环

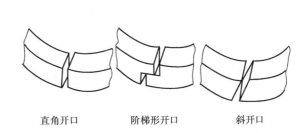

直角开口　　　　阶梯形开口　　　　斜开口

图 3-3-3　气环开口形状

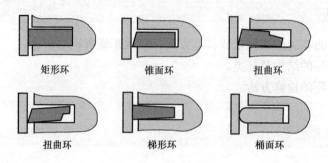

矩形环　　　　　　锥面环　　　　　　扭曲环

扭曲环　　　　　　梯形环　　　　　　桶面环

图 3-3-4　气环断面形状

（2）油环　油环的作用是布油和刮油，下行刮油，上行布油，防止机油窜入气缸，减小活塞、活塞环与气缸壁的摩擦阻力；此外油环还能起到辅助密封的作用。油环又有普通油环和组合油环之分。现在发动机大多采用组合式油环，由上、下刮油钢片和衬簧（扩张器）组成，如图 3-3-5 所示。

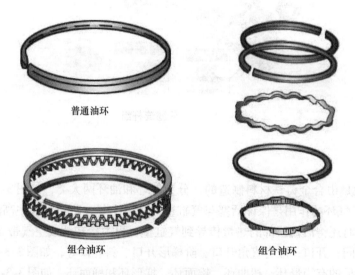

普通油环

组合油环　　　　　　　　　　组合油环

图 3-3-5　油环

柴油机压缩比高，一般有四道环槽，上部三道安装气环，下部安装油环。汽油机一般有三道环槽，其中有两道气环槽和一道油环槽。

三、活塞环的间隙

发动机工作过程中，活塞环随活塞在气缸内作往复运动时，会发生热膨胀和径向胀缩变形现象，因此活塞环在气缸内应有一定的间隙。此间隙共有三种，即端隙、侧隙和背隙，如图 3-3-6 所示。

1）端隙（又称开口隙）是指活塞环装入气缸后，开口处左右两端之间的间隙。

2）侧隙（又称边隙）是指环高方向上与环槽之间的间隙。

3）背隙是指活塞与活塞环装入气缸后，活塞环背面与活塞环槽之间的间隙。

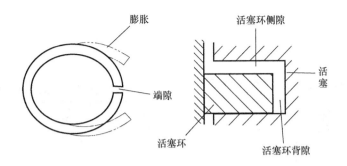

图 3-3-6　活塞环的间隙

四、活塞环的损伤形式

活塞环常见的损伤形式有磨损、折断和弹性减弱。

活塞环长期在高温下工作，弹性会逐渐减弱，使密封性变差，出现漏气和窜油现象。

活塞环的磨损速度较快，磨损后端隙变大，密封性变差。一般在两次发动机大修之间，当气缸圆柱度误差达到 0.09 ~ 0.11mm 时，需要更换活塞环。

✖【任务实施】

活塞环的检修

一、任务准备

1. 实训设备

雪佛兰科鲁兹 LDE 发动机的活塞、活塞环、气缸体或发动机台架。

2. 实训工具

塞尺、直尺、游标卡尺等。

3. 实训资料

实训工作页、维修手册、教材。

4. 辅助材料

抹布、白板笔。

二、任务实施

1. 活塞环"三隙"的检测

（1）活塞环端隙的检测　将活塞环置于气缸内，用倒置活塞的顶部将活塞环推到气缸下部未磨损处（距气缸下边缘 15mm），使环平行于气缸体平面。取出活塞，用塞尺插入活塞环开口处进行测量，如图 3-3-7 所示。科鲁兹 LDE 发动机的活塞环间隙的标准见表 3-3-1。

（2）活塞环侧隙的检测　侧隙过大将影响活塞环的密封作用，过小则可能使环卡死在环槽内，造成拉缸事故。

将环放在环槽内，使环与环槽下端面紧贴，用塞尺测量其间隙大小，如图 3-3-8 所示。

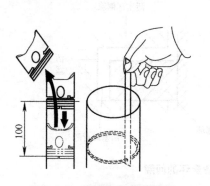

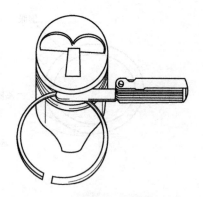

图 3-3-7　活塞环端隙的检测　　　　图 3-3-8　活塞环侧隙的检测

表 3-3-1　科鲁兹 LDE 发动机活塞环间隙标准　　　　（单位：mm）

活塞环参数	端　　隙	侧　　隙
矩形环	0.20 ~ 0.35	0.015 ~ 0.070
锥形环	0.35 ~ 0.50	0.03 ~ 0.07
油环	0.20 ~ 0.90	0.04 ~ 0.12

（3）活塞环背隙的检测　为了测量方便，维修中通常用游标卡尺测量活塞环（气环）的宽度和活塞环槽的深度，如图 3-3-9 所示，二者的差值即为背隙，此数值比实际背隙要小，背隙一般为 0 ~ 0.35mm。

注意：在检测过程过程中，一般只检测端隙和侧隙；如若检测使用过的活塞环，端隙和侧隙有一个超过磨损极限时，就需要进行更换。

2. 活塞环的修理

1）若端隙大于规定值，则应重新选配活塞环；若端隙小于规定值，应用细平锉刀对环的端口进行锉修。

锉修注意事项：活塞环要有支点；只能锉修一端环口且应平整；锉刀单方向行刀；四周用力捏紧检验活塞环，两面都要检验。

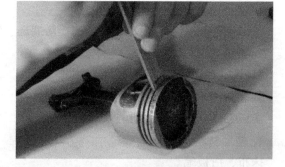

图 3-3-9　活塞环背隙的检测

2）若侧隙大于规定值，则应重新选配活塞环；若侧隙较小，可用车削法加宽活塞环槽。

3. 活塞环的安装

1）活塞环安装时要遵循由下到上的顺序，先安装油环，然后装第二道气环（表面暗淡无光），最后装第一道气环（第一道气环为镀铬环，表面光滑明亮）；气环标记"TOP"朝向活塞顶，扭曲环必须内切口朝上，外切口朝下。

2）为了提高气缸的密封性，避免高压气体泄漏，要求活塞环的开口应交错布置。第一道气环开口与活塞朝前方向成 45°，第二道气环开口与第一道气环开口相差 180°，油环上刮油片开口与第二道气环开口相差 90°，下刮油片与上刮油片两开口相差 180°，如图 3-3-10 所示。

3）各环装好后，将机油注入环槽内，用手转动各环，应灵活无阻滞感，如图 3-3-11 所示。

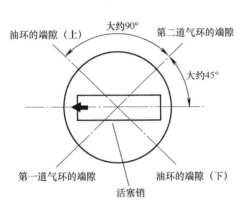

图 3-3-10　**活塞环开口方向调整**

图 3-3-11　**活塞安装**

⟳【任务小结】

本任务主要介绍了活塞环的相关知识及其检修方法。通过任务训练，学生应掌握活塞环间隙的检测方法，能规范地使用量具，同时要注意检测标准的收集与整理。在更换不合格的活塞环时要注意安装方向，掌握活塞环的正确拆装方法。

冒【知识拓展】——活塞环弹力与漏光度的检测

一、活塞环弹力的检测

活塞环的适当弹力是保证气缸密封性的主要条件之一，弹力过大会增加摩擦损耗；弹力过小，不能起到良好的密封作用，引起气缸漏气、窜油。活塞环弹力的检测应在检验器上进行，如图 3-3-12 所示。

将活塞环竖直放在弹力检验器的凹槽里，活塞环端隙水平向外。把杠杆压在活塞环上，移动杠杆上的量块，将活塞环端隙压至标准数值，若此时施加在活塞环上的力符合规定，活塞环的弹力即为合格。

二、活塞环漏光度的检测

检测漏光度的目的是察看活塞环与气缸壁的贴合情况，漏光度过大，活塞环局部接触面积小，易造成漏气和机油上窜现象。选配活塞环时应进行漏光度检测。将活塞环平置于气缸内，再将活塞环内圈用轻质盖板盖住，盖板大小以盖板外圆不接触气缸壁为准，在气缸下部放置光源，如图 3-3-13 所示。

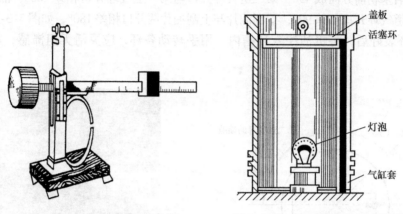

图 3-3-12　活塞环弹力的检测　　　图 3-3-13　活塞环漏光度的检测

漏光度要求：漏光处的缝隙，应不大于 0.03mm；同一活塞环的漏光处不得多于两处，每处漏光弧长所对应的圆心角不得大于 30°；在环端口左右 30°范围内不允许有漏光现象。

任务 3.4　活塞及活塞销的检修

【任务导入】

雪佛兰 4S 店来了一批新员工，技术经理委托你对新员工进行入职培训，按照培训计划安排，本次的培训任务为对雪佛兰科鲁兹轿车装配的 LDE 发动机的活塞、活塞销进行检修。

【任务目标】

1. 能通过查阅相关维修技术资料等方式，获取车辆资讯与信息。
2. 掌握活塞、活塞销等零部件的结构。
3. 掌握活塞、活塞销的检修方法。

【知识准备】

一、活塞

活塞的功用是承受燃烧气体的压力，并将其通过活塞销传给连杆以驱使曲轴旋转。活塞的工作环境：高温、高压，散热条件差；顶部工作温度高达 600~700K，且分布不均匀，顶部最高压力可达 3~5MPa（汽油机）；高速，线速度达到 10m/s，承受很大的惯性力。因此活塞应具有质量小、导热性好、刚度和强度足够大等特点。目前汽车发动机广泛采用的是铝合金材料的活塞。

1. 活塞的基本结构

活塞可分为顶部、头部和裙部三个部分，如图 3-4-1 所示。

（1）活塞顶部   活塞顶部是燃烧室的组成部分，主要用来承受气体压力。其按形状可分为三大类，即平顶活塞、凸顶活塞和凹顶活塞，如图 3-4-2 所示，结构特点见表 3-4-1。

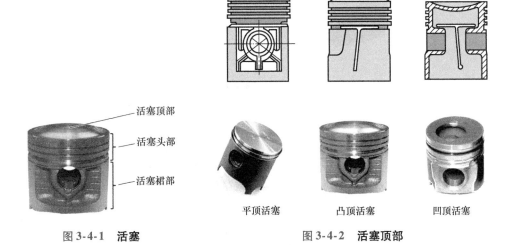

图 3-4-1 活塞

平顶活塞   凸顶活塞   凹顶活塞

图 3-4-2 活塞顶部

表 3-4-1   活塞顶部结构特点

名　　称	结 构 特 点
平顶活塞	结构简单、制造容易、受热面积小、应力分布较均匀
凸顶活塞	凸起呈球状、顶部强度高，凸顶起导向作用、有利于改善换气过程，但顶部温度比较高
凹顶活塞	凹坑的形状、位置必须有利于可燃混合气的燃烧；可提高压缩比，防止碰气门，但顶部受热量大，易形成积炭，加工比较困难

（2）活塞头部   活塞头部是指第一道活塞环槽与活塞销座孔之间的部分，它有数道环槽和回油孔，主要作用是安装活塞环，密封气缸，将活塞顶部所吸收的热量通过活塞环传导到气缸壁，防止可燃混合气漏到曲轴箱内。

（3）活塞裙部   活塞裙部是指从油环槽下端面起至活塞最下端的部分，包括活塞销座孔，活塞裙部对活塞在气缸内的往复运动起导向作用，并承受侧压力，防止被油膜破坏，如图 3-4-3 所示。

2. 活塞的变形规律及应对措施

活塞工作时，由于受到热膨胀、侧压力和气体压力的影响，活塞会产生变形。在圆周方向，其裙部直径沿活塞销座孔轴线方向增大，使裙部变成长轴在活塞销座孔轴线方向上的椭圆，如图 3-4-4 所示。

为了保证活塞在工作时与气缸壁间保持比较均匀的间隙，以免活塞在气缸内卡死或引起局部磨损，必须在结构上采取相应措施：

（1）预先做成阶梯形或锥形   为了使工作时活塞上下直径趋于相等，即为圆柱形，就必须预先把活塞制成上小下大的阶梯形或锥形，如图 3-4-5 所示。

（2）预先做成椭圆形   椭圆的长轴方向与销座垂直，短轴沿销座方向。这样活塞工作

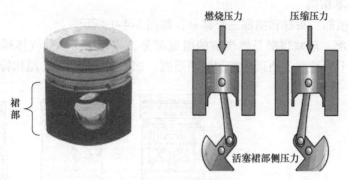

图 3-4-3　活塞裙部

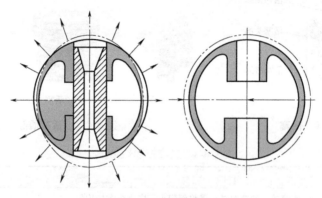

图 3-4-4　活塞裙部受热变形

时趋近正圆，如图 3-4-6 所示。

（3）活塞裙部开槽　活塞裙部共开横向和纵向两个槽，如图 3-4-7 所示。其中横槽称绝热槽，可减少活塞头部向裙部的传热，使裙部膨胀量减小；纵槽称膨胀槽，使裙部具有弹性，这样冷态下的间隙可减小，热态下又因纵槽的补偿作用使活塞不致卡死在气缸中。

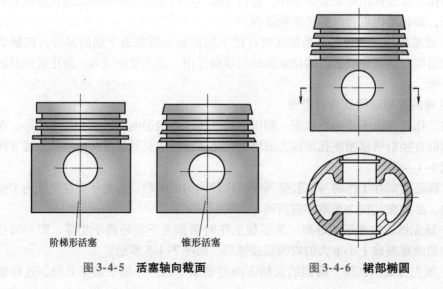

阶梯形活塞　　　　　　　锥形活塞

图 3-4-5　活塞轴向截面　　　　　　　图 3-4-6　裙部椭圆

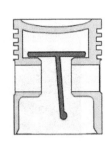

Π形槽　　　　　　　　　　T形槽

图 3-4-7　裙部开槽

二、活塞销

活塞销的作用是连接活塞和连杆小头，并把活塞承受的气体压力传给连杆。

活塞销在高温下承受很大的周期性冲击载荷，且由于活塞销在销座内摆动角度不大，难以形成机油膜，因此润滑条件较差。为此活塞销必须要有足够的刚度、强度和耐磨性，质量应尽可能小，所以活塞销一般都做成空心柱体。空心柱体可以是圆柱形、两段截锥形或两段截锥与一段圆柱的组合形，如图 3-4-8 所示。

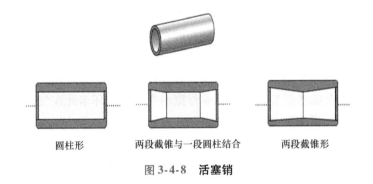

圆柱形　　　　　两段截锥与一段圆柱结合　　　　两段截锥形

图 3-4-8　活塞销

活塞销与活塞销座孔及连杆小头的连接配合方式一般有全浮式和半浮式两种，如图 3-4-9 所示。全浮式是指发动机在正常工作温度下，活塞销在连杆衬套和活塞销座孔中都能转动。半浮式是指活塞销与活塞销座孔和连杆小头两处，一处固定（一般固定连杆小头），一处浮动，即活塞销只能在两端销座内作自由摆动，与连杆小头没有相对运动。

三、活塞的常见损伤

活塞常见的损伤有活塞环槽磨损、活塞裙部磨损、活塞销座孔磨损、活塞烧顶、活塞裂纹等。

1. 活塞的正常磨损

活塞最大磨损部位是活塞环槽，特别是第一道环槽的磨损最严重。环槽磨损主要是下平面，上平面磨损较小。磨损后的环槽断面呈内小外大的梯形，使侧隙增大，造成气缸窜气和窜机油。环槽的磨损极限一般不大于 0.15mm。

活塞裙部磨损较小，通常只在侧压力大的一侧发生轻微的磨损和擦伤。当活塞裙部与气

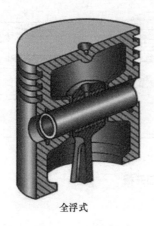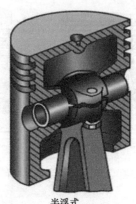

全浮式   半浮式

图 3-4-9　活塞销的连接方式

缸壁间隙过大时，活塞裙部对活塞运动的导向作用变差，发动机工作时会发生敲缸现象。发动机是否需要大修主要取决于活塞裙部与气缸壁的间隙和气缸的磨损程度。当间隙过大而气缸仍可使用时，通常采用更换活塞的方法使间隙变小。

活塞销座孔磨损后断面呈长轴沿上下方向的椭圆形，磨损使活塞与销的配合松旷，工作时出现异响。

2. 活塞的异常损坏

活塞的异常损坏主要有刮伤、顶部烧蚀和脱顶等。活塞刮伤俗称"拉缸"，主要原因是活塞与气缸壁间隙过小或气缸表面有机械杂质。活塞烧顶是发动机在超负荷或爆燃情况下工作造成的。活塞脱顶的主要原因是活塞环的端隙或背隙过小，当发动机在高温、高负荷条件下工作时，活塞环的热膨胀量变大，端隙或背隙消失，活塞环卡死在气缸中，而活塞裙部被连杆向下拖动，造成活塞头部与裙部脱开。

✖【任务实施】

活塞及活塞
销的检修

一、任务准备

1. 实训设备

雪佛兰科鲁兹 LDE 发动机的活塞、活塞销或发动机台架。

2. 实训工具

外径千分尺、指示表等。

3. 实训资料

实训工作页、维修手册、教材。

4. 辅助材料

抹布、白板笔。

二、任务实施

1. 活塞的检测

1）活塞直径的测量方法，如图 3-4-10 所示，用外径千分尺测量活塞裙部尺寸，测量部位距活塞下沿 10mm，与活塞销座孔轴线垂直，允许的最大偏差值为 0.04mm。

2）活塞间隙（又称活塞与气缸壁的油膜间隙或配缸间隙）是指活塞与气缸壁之间的间隙，计算方法为气缸的最大直径减去活塞直径。测量的时候也可将活塞（不装活塞环）直接放入气缸，用塞尺测量活塞与气缸壁的间隙，如图 3-4-11 所示。

测量结果若超过标准，在发动机大修时应更换全部活塞。

图 3-4-10　活塞直径的测量

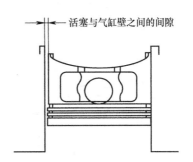

图 3-4-11　活塞间隙的测量

2. 活塞的选配

选配活塞时要注意以下几点：

1）选用同一修理尺寸和同一分组尺寸的活塞。

2）同一发动机必须选用同一厂牌的活塞。活塞应成套选配，以保证其材料、性能、质量、尺寸的一致性。

3）选配的成套活塞的尺寸差和质量差应符合要求，尺寸差一般为 0.02 ~ 0.025mm，质量差一般为 4 ~ 8g。

3. 活塞销的检修

1）用外径千分尺测量活塞销外圆几个部位，如图 3-4-12 所示，如外径超过使用极限值，应予以更换。

2）用指示表测量连杆衬套内径，如图 3-4-13 所示，如内径超过使用极限值，应予以更换。

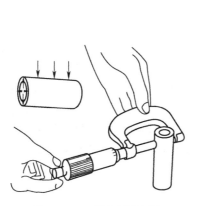

图 3-4-12　活塞销的测量

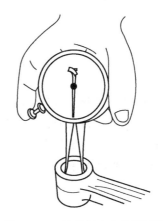

图 3-4-13　连杆衬套内径的测量

3）根据所测得的活塞销外径和连杆衬套内径，计算两者的配合间隙。如间隙超过极限值，应更换活塞销、连杆衬套或磨损较大的零件。

4）在温度为 15～30℃ 的条件下，活塞销不经润滑靠自重应能徐徐下移至连杆衬套中。如不能满足上述要求，应另选活塞销或铰削连杆衬套。铰削连杆衬套时，将铰刀柄垂直夹在台虎钳钳口上，端平连杆，保证连杆衬套与连杆大头轴线平行，如图 3-4-14 所示。

5）活塞销与活塞销座孔应同组装配，在水或机油中将活塞与活塞销加热至 50～70℃，保温一段时间，取出擦干净后，应能用掌心将涂有机油的活塞销推入座孔，如图 3-4-15 所示。如不符合上述要求，应另选活塞销。

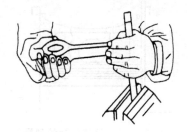

图 3-4-14　铰削连杆衬套

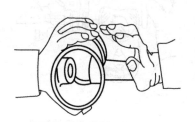

图 3-4-15　安装活塞销

4. 活塞销的选配

1）发动机大修时一般要更换活塞销，应选配标准尺寸的活塞销。

2）选配原则：选用同一厂牌、同一修理尺寸的成组活塞销。

3）选配的活塞销的质量要求：表面粗糙度值不大于 $0.8\mu m$，圆度、圆柱度误差不超过 $0.0025mm$，质量差不大于 10g。

☞【任务小结】

本任务主要介绍了活塞与活塞销的相关知识及其检修方法。通过任务训练，学生应掌握活塞与活塞销的检测方法，能规范地使用量具，同时要注意检测标准的收集与整理。

▤【知识拓展】——发动机活塞的分类与区别

一、活塞种类

发动机活塞在高温、高压、高负荷条件下工作，对活塞的要求相对较高，发动机活塞的分类如下。

1）按使用的燃料来分，可分为汽油机活塞、柴油机活塞、天然气机活塞。

2）按制造活塞的材料来分，可分为铸铁活塞、钢活塞、铝合金活塞及组合活塞。

3）按制造活塞毛坯的工艺来分，可分为重力铸造活塞、挤压铸造活塞、锻造活塞。

4）按活塞的工作状况来分，可分为非增压活塞和增压活塞两大类。

二、活塞区别

汽油机和柴油机的活塞在主体结构上是有很大区别的，通常来说汽油机活塞直径比较小，壁厚比较小，质量比较轻；而柴油机活塞直径比较大，壁厚比较厚，质量比较重。

汽油机多采用平顶活塞，其优点是吸热面积小；柴油机活塞顶部常常有各种各样的凹坑，其具体形状、位置和大小都必须与柴油机的混合气形成与燃烧的要求相适应。柴油机活塞环槽相隔的距离比汽油机的大。柴油机的油环槽有孔，汽油机则没有。大多数柴油机的活塞行程比汽油机长，在活塞裙部可能有配合飞轮运动的特殊造型。

任务 3.5　连杆的检验与校正

【任务导入】

雪佛兰 4S 店来了一批新员工，技术经理委托你对新员工进行入职培训，按照培训计划安排，本次的培训任务为对雪佛兰科鲁兹轿车装配的 LDE 发动机的连杆进行检修。

【任务目标】

1. 能通过查阅相关维修技术资料等方式，获取车辆资讯与信息。
2. 掌握连杆的结构特点。
3. 掌握连杆变形的检修方法。

【知识准备】

一、连杆的基本结构

连杆主要由连杆大头、连杆小头、连杆杆身、连杆轴承盖、连杆螺栓和连杆轴承等组成，如 3-5-1 所示。

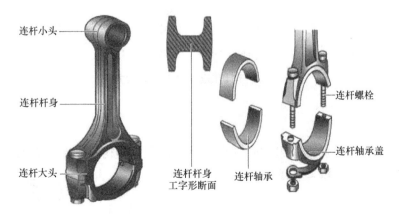

图 3-5-1　连杆的组成

二、连杆的作用

连杆的作用是连接活塞与曲轴，并把活塞承受的气体压力传给曲轴，使活塞的往复运动转变成曲轴的旋转运动。连杆小头通过活塞销与活塞相连，连杆大头与曲轴的连杆轴颈相连。

三、连杆结构特点

连杆小头：用来安装活塞销（半浮式）或衬套（全浮式）的座孔。

连杆杆身："工"字形断面。

连杆大头：分开式，连杆轴承座孔。

四、连杆大头切口与定位

连杆大头的连接形式主要有平切口式和斜切口式两种，如图 3-5-2 所示。

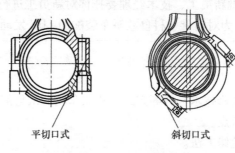

平切口式　　　　斜切口式

图 3-5-2　连杆连接形式

连杆大头与连杆轴承盖必须进行定位。平切口用螺栓定位，斜切口的定位方式有锯齿定位、连杆螺栓定位、销或套定位、止口定位，如图 3-5-3 所示。

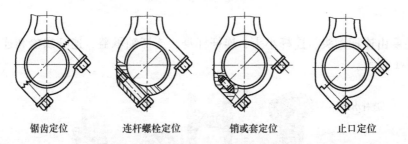

锯齿定位　　　连杆螺栓定位　　　销或套定位　　　止口定位

图 3-5-3　斜切口连杆大头的定位方式

五、V 型发动机连杆布置形式

V 型发动机左右两缸的连杆装在同一个连杆轴颈上，其结构随安装布置形式的不同分为并列式连杆、主副式连杆和叉形连杆三种，如图 3-5-4 所示。

六、连杆变形

连杆在工作中，由于受力较大，容易产生杆身的弯曲、扭曲或弯扭并存等变形。连杆弯曲或扭曲，会使活塞在气缸内歪斜，造成活塞与气缸及连杆轴承的

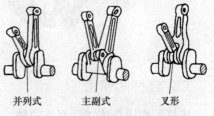

并列式　　主副式　　叉形

图 3-5-4　V 型发动机连杆布置形式

偏磨、活塞组与气缸间漏气和窜油。因此，必须对连杆进行检查和校正。

连杆弯曲一般产生在大小头轴线所形成的平面内（前后弯），弯曲后，连杆大小头轴线不平行。

连杆扭曲将使大小头轴线不处在同一平面内。连杆扭曲常发生在校正时，因校正部位与弯曲部位不一致而产生。

✖【任务实施】

连杆的检验
与校正

一、任务准备

1. 实训设备

雪佛兰科鲁兹 LDE 发动机的连杆或发动机台架。

2. 实训工具

连杆检验器、连杆校正仪、汽车拆装常用工具等。

3. 实训资料

实训工作页、维修手册、教材。

4. 辅助材料

抹布、白板笔。

二、任务实施

1. 检查连杆弯曲和扭曲

通常用连杆检验器来检验连杆的弯曲与扭曲变形，其步骤如下：

1）将连杆轴承盖装在连杆上，并用标准力矩拧紧，同时装上修配好的活塞销。

2）将连杆大头套装在检验器的横轴上，转动轴端螺母，使横轴上的定心块向外张，将连杆固定在检验器上。

3）将三点规靠近检验器平板平面，观察三点规三个爪头与平面的接触情况，即可查出连杆是否变形。

4）用塞尺测量三个爪头与平面之间的间隙。若三个间隙均相等，则表明连杆正直；若左、右爪头间隙相等但与上爪头不等，则表明连杆弯曲，如图 3-5-5 所示；若左、右爪头间隙不等，则表明连杆扭曲，如图 3-5-6 所示。

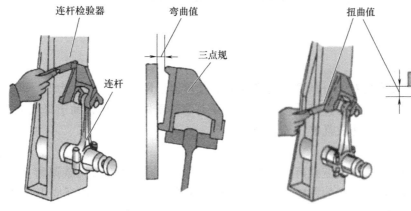

图 3-5-5　连杆弯曲检验　　　　　　图 3-5-6　连杆扭曲检验

连杆弯曲程度不得大于 0.05mm/100mm；连杆扭曲程度不得大于 0.05mm/100mm。

2. 连杆变形的校正

检验时如发现连杆弯曲或扭曲，应使用专用工具予以校正或更换。

连杆弯曲的校正可在压床或弯曲校正仪上进行，用弯曲校正仪校正连杆弯曲变形的方法如图 3-5-7 所示。

连杆扭曲的校正可将连杆夹在台虎钳上，用扭曲校正仪、长柄扳钳或管子钳进行校正，用扭曲校正仪校正连杆的方法如图 3-5-8 所示。

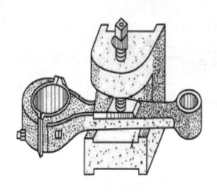
图 3-5-7　连杆弯曲的校正

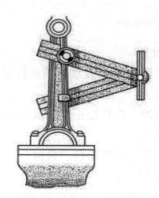
图 3-5-8　连杆扭曲的校正

校正时应注意：先校正扭曲，后校正弯曲；要避免反复校正。

连杆校正后，杆身中存在的残余应力是不易消除的，因此，必须将连杆加热至 400 ~ 450℃保温 0.5 ~ 1h，以消除残余应力，由此避免在工作中恢复弯曲状态。

为保证发动机修理质量，有条件时，最好更换弯曲、扭曲较严重的连杆。

【任务小结】

本任务主要介绍了发动机连杆的结构及连杆弯曲、扭曲变形的检修方法。通过任务训练，学生可以独立使用连杆检验器、校正仪及专用工具对发动机连杆进行检修，并能根据相关数据对相应检测结果进行分析。

【知识拓展】——连杆的制造及发动机拉缸的预防措施

一、连杆的制造

1. 连杆的发展方向

现代的高性能发动机对连杆的要求是质量轻、强度高、刚度高、惯性力小、采用强化工艺等，发展趋势是采用短连杆结构。发动机运动部件质量的减轻有助于降低能耗和噪声，可以改善发动机的排放性能。

2. 连杆材料

连杆在工作中承受多向交变载荷，要求有很高的强度，材料大都采用碳钢和合金钢。随着胀断工艺和粉末冶金技术的发展，胀断连杆和粉末冶金锻造连杆被广泛应用。另外，一些具有新型组成或微观结构的材料，如复合材料、铝纤维增强合金材料等也有应用。

3. 连杆的机械加工概况

尽量减少毛坯余量，提高毛坯精度，从而降低切削力，提高加工效率。

由于连杆本身刚性差，在选择定位和夹紧点时需要特别注意，避免在定位时产生误差、在夹紧时产生变形而影响加工精度。应遵循基准统一原则，尽量避免基准的更换，以减少定位误差。

由于连杆质量在装配时有特殊要求，所以要妥善安排称重、去重、质量分组等工序。

要求较高的加工表面，按照粗、半精、精加工分阶段进行，在粗、精加工之间可安排次要表面（如大小头油孔、轴承锁口槽）的加工，使工件有充分的变形时间，以消除内应力，保证加工的精度。

二、如何预防发动机拉缸

发动机拉缸是指气缸壁在活塞环的运动范围内出现明显的纵向机械划痕和刮伤，严重时发生熔着性磨损，造成发动机起动困难或者自行熄火。拉缸是发动机的一种重大事故。拉缸的根本原因是气缸壁与活塞环、活塞之间难以形成油膜，因而造成润滑不良，甚至出现干摩擦的现象。

发动机拉缸是可以预防的，具体措施大致有以下几点：

1）对新机和大修后的发动机，一定要先经过磨合，即在保持良好润滑的条件下，按照转速由低到高、负荷从小到大的原则，认真按磨合规程操作，然后才能正常使用。

2）按照规定正确选配活塞裙部与气缸壁之间的间隙以及活塞环的端隙、背隙、侧隙。另外，在修理时要避免活塞偏缸，同时要保证气缸的尺寸精度。

3）保持冷却液正常温度（70~95℃），避免发动机过热；冬季起动前应采取预热措施。

4）合理操作使用发动机，不要超负荷作业。

5）加强空气滤清器的维护，严防灰尘被吸入气缸内。

6）维护好润滑系统，防止机械杂质和积炭混入机油内而加剧气缸套的磨损。

7）适时检查发动机机油油面高度，亏油时添加。

任务3.6　连杆轴承的检修

【任务导入】

雪佛兰4S店来了一批新员工，技术经理委托你对新员工进行入职培训，按照培训计划安排，本次的培训任务为对雪佛兰科鲁兹轿车装配的LDE发动机的连杆轴承进行检修。

📋【任务目标】

1. 能通过查阅相关维修技术资料等方式，获取车辆资讯与信息。
2. 掌握汽车发动机连杆轴承的结构特点。
3. 掌握连杆轴承间隙的检测方法。

📑【知识准备】

一、连杆轴承的作用与工作条件

连杆轴承（又称连杆轴瓦或小瓦）主要作用是使连杆轴颈和连杆大头间保持良好的配合，减小摩擦阻力，加速磨合。在工作过程中连杆轴承承受交变载荷及高速摩擦（摩擦热使机油黏度下降，润滑变坏，磨损加剧），且低速大负荷时润滑差，可能会烧瓦。

二、连杆轴承的组成

连杆轴承由钢背和减摩层组成，为两半分开形式，如图 3-6-1 所示。钢背厚度为 1～3mm，由低碳钢制成，是轴承的基体；减摩层是厚度为 0.3～0.7mm 的薄层，由浇铸在钢背内圆上的减摩合金制成。

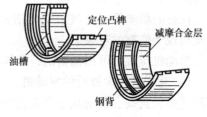

图 3-6-1　连杆轴承

三、减摩合金性能要求

1）足够的疲劳强度。
2）良好的减摩性能。
3）良好的耐腐蚀性。
4）足够的结合强度。

🔧【任务实施】

连杆轴承的
检修

一、任务准备

1. 实训设备

雪佛兰科鲁兹 LDE 发动机或发动机台架。

2. 实训工具

塞尺、塑料间隙规等。

3. 实训资料

实训工作页、维修手册、教材。

4. 辅助材料

抹布、白板笔。

二、任务实施

1. 检查连杆轴承的轴向间隙

用塞尺测量连杆轴承的轴向间隙，如图 3-6-2 所示，磨损极限为 0.4mm，超过磨损极限时应更换连杆轴承。

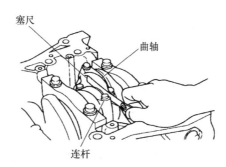

图 3-6-2　**检查连杆轴承轴向间隙**

2. 检查连杆轴承的径向间隙

1）将塑料间隙规摆放在连杆轴颈上，如图 3-6-3 所示。注意不要将油孔盖住。

2）装配好连杆轴承。

3）安装连杆轴承盖，按规定力矩分三遍拧紧连杆轴承盖螺栓：第一遍紧固至 35N·m，第二遍紧固 45°，第三遍紧固 15°，如图 3-6-4 所示，注意不要转动曲轴。

图 3-6-3　**摆放塑料间隙规**

图 3-6-4　**安装连杆轴承盖**

4）拆下连杆轴承盖螺栓，将变平的塑料间隙规与量尺对比，如图 3-6-5 所示。符合规定的连杆轴承径向间隙为 0.019~0.071mm。

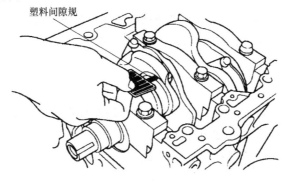

图 3-6-5　**检查连杆轴承径向间隙**

⌁【任务小结】

　　本任务主要介绍了发动机连杆轴承的结构特点及连杆轴承间隙的检测方法。通过任务训练，学生可以独立使用专用工具、量具对发动机连杆轴承的轴向与径向间隙进行检测。

🗐【知识拓展】——连杆轴承的选配

　　轴承选配前，应先检查轴承座孔是否符合标准。要求轴承座孔的圆柱度误差应不大于0.025mm。当轴承座孔的圆柱度超过标准时，可在轴承盖两端面堆焊加工。

　　连杆轴承的选配包括选择合适的内径，检测轴承的高出量、自由弹开量，以及检查定位凸榫和钢背表面质量等内容。

　　1）选择轴承内径，根据连杆轴颈直径和规定的径向间隙选择合适的连杆轴承。根据选配的需要，其内径已制成一个尺寸系列。

　　2）检查轴承钢背质量，要求定位凸榫完整，钢背光整无损。

　　3）检测轴承自由弹开量，要求轴承在自由状态下的曲率半径大于座孔的曲率半径，保证轴承压入座孔后，可借其自身弹力与轴承座孔贴合紧密，如图3-6-6所示。

　　4）检测轴承的高出量，轴承装入座孔后，上、下两半每端应高出轴承座孔平面0.03~0.05mm，如图3-6-7所示，h为高出量。轴承高出座孔，以保证轴承与座孔紧密贴合，提高散热效果。

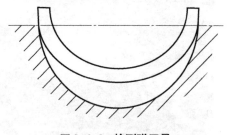

图3-6-6　检测弹开量

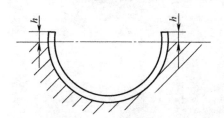

图3-6-7　检测高出量

任务3.7　曲轴轴颈的磨损、弯曲变形的检修

📋【任务导入】

　　雪佛兰4S店来了一批新员工，技术经理委托你对新员工进行入职培训，按照培训计划安排，本次的培训任务为对雪佛兰科鲁兹轿车装配的LDE发动机的曲轴进行检修。

📋【任务目标】

　　1. 能通过查阅相关维修技术资料等方式，获取车辆资讯与信息。

　　2. 掌握汽车发动机曲轴的结构特点。

　　3. 掌握曲轴磨损、弯曲变形的检测方法。

冒【知识准备】

一、曲轴飞轮组的组成

曲轴飞轮组由曲轴、飞轮、扭转减振器、曲轴主轴承（轴瓦）、曲轴带轮等组成，如图3-7-1所示。

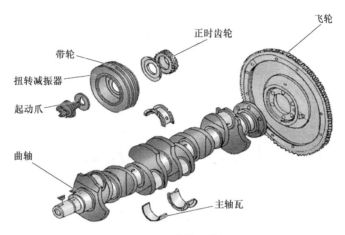

正时齿轮

飞轮

带轮

扭转减振器

起动爪

曲轴

主轴瓦

图 3-7-1　曲轴飞轮组

二、曲轴

1. 功用

把活塞连杆组传来的气体压力转变为转矩对外输出，还用来驱动发动机的配气机构及其他各种辅助装置。

2. 工作条件

曲轴承受气体压力、惯性力、惯性力矩，承受交变载荷的冲击。

3. 材料

中碳钢（汽油机）、合金铸铁（柴油机）、球墨铸铁。

4. 结构

曲轴的基本结构包括前端轴、主轴颈、连杆轴颈、曲柄及后端凸缘等，如图3-7-2所示。

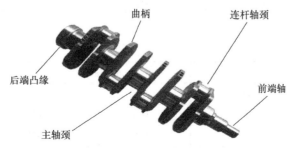

曲柄

连杆轴颈

后端凸缘

前端轴

主轴颈

图 3-7-2　曲轴的构造

5. 类型

1）按曲拐连接方法的不同，曲轴分为整体式和组合式两种，如图 3-7-3 所示。

整体式曲轴　　　　　　组合式曲轴

图 3-7-3　曲轴按曲拐连接方法的分类

2）按曲轴主轴颈的数目，分为全支承曲轴（曲轴的主轴颈数比气缸数多一个）和非全支承曲轴（曲轴的主轴颈数等于或少于气缸数），如图 3-7-4 所示。

全支承曲轴　　　　　　　　　　　　非全支承曲轴

图 3-7-4　曲轴按主轴颈数目的分类

6. 曲拐的布置

一个连杆轴颈和它两端的曲柄及相邻两个主轴颈构成一个曲拐。

曲轴的曲拐数取决于发动机气缸的数目和排列方式。直列发动机曲拐数等于气缸数；V 型发动机曲拐数等于气缸数的一半。

曲拐的布置（即曲拐的相对位置）除了与气缸数、气缸排列方式有关外，还与发动机工作顺序有关。在安排发动机工作顺序时，应注意使连续做功的两缸相距尽可能远些，以减轻主轴承的载荷，同时避免进气干涉而影响充气量；做功间隔力求均匀，在发动机完成一个工作循环的曲轴转角内，每个气缸应做功一次，以保证发动机运转平稳；曲拐布置应尽可能对称、均匀。

对气缸数为 i 的发动机而言，四冲程做功间隔角为 $720°/i$；二冲程做功间隔角为 $360°/i$。

常见几种多缸发动机曲拐的布置和工作顺序如下：

（1）直列四缸四冲程发动机曲拐布置　曲拐对称布置在同一平面内，如图 3-7-5 所示。做功间隔角为 $720°/4 = 180°$，各缸工作顺序有 1-2-4-3 和 1-3-4-2 两种，工作循环见表 3-7-1、表 3-7-2。

表 3-7-1　四缸四冲程发动机工作循环表（1-2-4-3）

曲轴转角/(°)	第一缸	第二缸	第三缸	第四缸
0 ~ 180	做功	压缩	排气	进气
180 ~ 360	排气	做功	进气	压缩
360 ~ 540	进气	排气	压缩	做功
540 ~ 720	压缩	进气	做功	排气

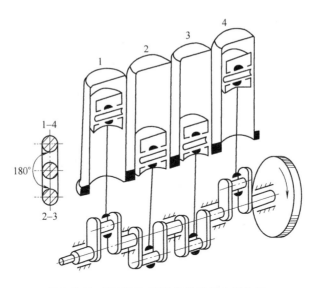

图 3-7-5　直列四缸四冲程发动机曲拐布置

表 3-7-2　四缸四冲程发动机工作循环表（1-3-4-2）

曲轴转角/（°）	第一缸	第二缸	第三缸	第四缸
0～180	做功	排气	压缩	进气
180～360	排气	进气	做功	压缩
360～540	进气	压缩	排气	做功
540～720	压缩	做功	进气	排气

（2）直列六缸四冲程发动机曲拐布置　曲拐均匀布置在互成120°的三个平面内，如图3-7-6所示。做功间隔角为720°/6＝120°，工作顺序为1-5-3-6-2-4或1-4-2-6-3-5，以第一种应用较为普遍，工作循环见表3-7-3。

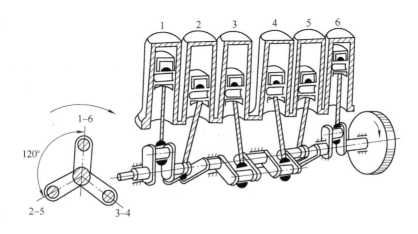

图 3-7-6　直列六缸四冲程发动机曲拐布置

表 3-7-3　六缸四冲程发动机工作循环表 （1-5-3-6-2-4）

曲轴转角/(°)		第一缸	第二缸	第三缸	第四缸	第五缸	第六缸
0~180	0~60			进气	做功		
	60~120	做功	排气			压缩	进气
	120~180			压缩	排气		
180~360	180~240		进气			做功	
	240~300	排气					压缩
	300~360			做功	进气		
360~540	360~420		压缩			排气	
	420~480	进气					做功
	480~540			排气	压缩		
540~720	540~600		做功			进气	
	600~660	压缩					排气
	660~720		排气	进气	做功	压缩	

（3） V 型八缸四冲程发动机曲拐布置　这种曲轴有四个曲拐，其布置可以与直列四缸发动机一样，四个曲拐布置在同一平面内，也可以布置在两个相互错开 90° 的平面内，如图 3-7-7 所示。做功间隔角为 720°/8 = 90°，V 型发动机工作顺序随气缸序号的排列方法而定，图中为 1-8-4-3-6-5-7-2，工作循环见表 3-7-4。

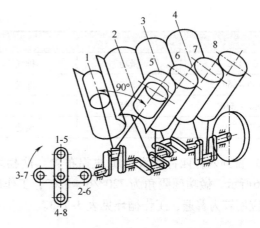

图 3-7-7　V 型八缸四冲程发动机曲拐布置

表 3-7-4　八缸四冲程发动机工作循环表 （1-8-4-3-6-5-7-2）

曲轴转角/(°)		第一缸	第二缸	第三缸	第四缸	第五缸	第六缸	第七缸	第八缸
0~180	0~90		做功	进气		排气	进气	排气	压缩
	90~180	做功		压缩	压缩	进气			做功
180~360	180~270		排气		做功		压缩	进气	
	270~360	排气	进气	做功		压缩			排气
360~540	360~450		进气		排气		做功	压缩	
	450~540	进气	压缩	排气		做功			进气
540~720	540~630		压缩		进气		排气	做功	
	630~720	压缩	做功	进气		排气			压缩

✖【任务实施】

一、任务准备

1. 实训设备

雪佛兰科鲁兹 LDE 发动机的曲轴或发动机台架。

2. 实训工具

外径千分尺、指示表、磁性表座、汽车拆装常用工具等。

3. 实训资料

实训工作页、维修手册、教材。

4. 辅助材料

抹布、白板笔。

二、任务实施

1. 曲轴裂纹的检查

曲轴的损伤形式主要有磨损、变形、裂纹甚至断裂。裂纹的检查通常采用浸油敲击法。浸油敲击法是将曲轴置于煤油中浸一会，取出后擦净表面煤油并撒上白粉，然后用小锤分段轻轻敲击，如图 3-7-8 所示，如有明显的油迹出现，即该处有裂纹。若曲轴出现裂纹，一般应更换曲轴。

2. 曲轴弯曲变形的检测

1）拆下曲轴轴承紧固螺栓，取下曲轴轴承盖。

2）将指示表连接到发动机气缸体的托架上，使指示表测头垂直于曲轴中间的主轴颈，同时使指示表小指针在 1mm 与 2mm 之间，如图 3-7-9 所示。

图 3-7-8　曲轴裂纹的检查

图 3-7-9　曲轴弯曲变形的检测

3）平稳地转动曲轴，检测曲轴的径向圆跳动误差值，此值一般不应超过 0.03mm。

3. 轴颈磨损的检测

曲轴轴颈磨损情况可用外径千分尺测量，根据测量的轴颈直径确定圆度误差和圆柱度误差。

1）清洁曲轴工作表面，将其置于工作台上。

2）选择合适量程的外径千分尺并校正。

3）根据曲轴轴颈的磨损规律，在曲轴轴颈上选择测量截面的位置和方向（同一轴颈测量两个截面，同一截面测量两次，两次测量方向相差 90°），测得同一截面与同一轴颈的最大直径和最小直径，如图 3-7-10 所示。

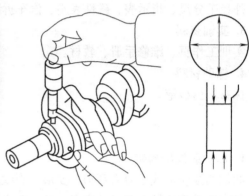

图 3-7-10　曲轴轴颈磨损的检测

4）计算圆度、圆柱度误差，曲轴轴颈和连杆轴颈的圆度、圆柱度误差超过 0.025mm 时，应进行曲轴的光磨修理。

【任务小结】

本任务主要介绍了发动机曲轴的结构、曲拐的布置以及多缸发动机的工作顺序。通过任务训练，学生可以独立使用专用工具、量具对发动机曲轴弯曲变形、轴颈磨损等进行检修。

【知识拓展】——发动机的平衡

一、发动机的平衡轴机构

现代轿车特别重视乘坐的舒适性和噪声水平，为此必须将引起汽车振动和噪声的发动机不平衡力及不平衡力矩减小到最低限度。在曲轴的曲柄臂上设置的平衡重只能平衡旋转惯性力及其力矩，而往复惯性力及其力矩的平衡则需采用专门的平衡机构。

发动机往复惯性力的平衡状况与气缸数、气缸排列形式及曲拐布置形式等因素有关，从理论上讲，直列六缸发动机的平顺性是最好的。

直列四缸四冲程发动机平面曲轴的一阶往复惯性力、一阶往复惯性力矩和二阶往复惯性力矩都平衡，只有二阶往复惯性力不平衡。为了平衡二阶往复惯性力，需采用双轴平衡机构。两根平衡轴与曲轴平行且与气缸中心线等距，旋转方向相反，转速相同，都为曲轴转速的二倍。两根轴上都装有质量相同的平衡重，其旋转惯性力在垂直于气缸中心线方向的分力互相抵消，在平行于气缸中心线方向的分力则合成为沿气缸中心线方向作用的力，与未平衡的惯性力大小相等，方向相反，从而使其得到平衡。

为了保证平衡效果，安装在曲轴上的平衡轴驱动齿轮和安装在平衡轴上的从动齿轮均刻有记号，装配平衡轴必须将记号对齐。

二、曲轴飞轮组的动平衡

曲轴和飞轮两者均是大质量的旋转体，若未进行动平衡，在旋转时产生的离心力往往会引起发动机怠速抖动和高速运转时出现振动，加速轴承磨损。制造厂家在发动机出厂时均对曲轴和飞轮进行动平衡，以保持两者的平衡位置。在设计与飞轮连接的曲轴接合盘时，一般采用定位销定位或将连接螺栓孔布置成不对称的，有时也采用螺栓直径不同的方法，防止拆卸后重新装复时发生错位失去动平衡的情况。

任务 3.8　曲轴主轴承的检修

【任务导入】

雪佛兰 4S 店来了一批新员工，技术经理委托你对新员工进行入职培训，按照培训计划安排，本次的培训任务为对雪佛兰科鲁兹轿车装配的 LDE 发动机的曲轴主轴承进行检修。

【任务目标】

1. 能通过查阅相关维修技术资料等方式，获取车辆资讯与信息。
2. 掌握汽车发动机曲轴轴承的结构特点。
3. 掌握曲轴间隙的检测方法。

【知识准备】

一、曲轴主轴承的构造

曲轴主轴承（又称大瓦）装于主轴承座孔中，将曲轴支承在发动机的机体上。主轴承的结构与连杆轴承相同，也是剖分为两半的滑动轴承。在主轴承上侧轴瓦上通常开有机油孔和机油槽，而下侧轴瓦没有，如图 3-8-1 所示。不可将上、下侧轴瓦装错，否则主轴承的来油通道将被堵塞。

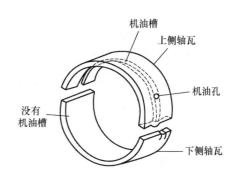

图 3-8-1　曲轴主轴承

二、曲轴止推轴承

曲轴止推轴承用来控制曲轴轴向窜动和端隙，其结构如图3-8-2所示，储油槽能为止推面提供良好的润滑。

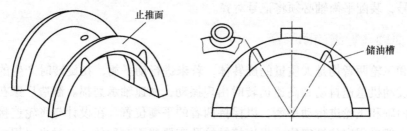

图 3-8-2　曲轴止推轴承

✖【任务实施】

曲轴主轴承的检修

一、任务准备

1. 实训设备

雪佛兰科鲁兹 LDE 发动机或发动机台架。

2. 实训工具

指示表、磁性表座、塑料间隙规、汽车拆装常用工具等。

3. 实训资料

实训工作页、维修手册、教材。

4. 辅助材料

抹布、白板笔。

二、任务实施

1. 曲轴轴向间隙的检测

1）将指示表安装在发动机气缸体前面的固定装置中，将指示表测头紧靠曲轴放置并进行调整，如图3-8-3所示。

2）测量曲轴的轴向间隙。纵向移动曲轴，读取指示表指针的最大摆差。允许的曲轴轴向间隙为 0.100 ~ 0.202mm。

2. 曲轴径向间隙的检测

1）将塑料间隙规摆放在曲轴轴颈上。

2）检查朝前标记和数字，并将轴承盖安装到曲轴上。

3）安装曲轴轴承盖螺栓，按规定力矩分三遍拧紧：第一遍紧固至 50N·m，第二遍紧固45°，第三遍紧固15°。注意不要转动曲轴。

4）拆下曲轴轴承盖，对比变平的塑料间隙规的宽度，如图3-8-4所示。允许的曲轴径向间隙为 0.005 ~ 0.059mm。

图 3-8-3　检查曲轴的轴向间隙

图 3-8-4　对比塑料间隙规的宽度

☞【任务小结】

本任务主要介绍了发动机曲轴主轴承结构及曲轴间隙的检测方法。通过任务训练，学生可以独立使用专用工具、量具对发动机曲轴轴向与径向间隙进行检测。

📖【知识拓展】——曲轴主轴承的材料

1. 轴承对材料的要求

1）高的疲劳强度。疲劳强度是材料在弹性极限以下受周期性载荷的作用而不致发生开裂或产生表面凹坑的能力。

2）良好的摩擦相容性。摩擦相容性是指主轴颈与轴承在相对运动中，轴承材料防止与轴颈材料防止发生冷焊和咬合的能力。

3）良好的顺应性。顺应性是指轴承材料通过弹性变形和塑性变形而自行适应轴的挠曲或轻微不对中以保持正常运转的能力。

4）良好的嵌入性。嵌入性是指轴承材料可嵌进硬的污物微粒，从而防止或减轻它们将轴和轴承表面擦伤与磨损的能力。

5）良好的耐蚀性。

6）高的承载能力。承载能力是指轴承材料在不致产生过度摩擦、磨损和疲劳损伤下所承受的最大单位压力。

7）较高的熔点。现代重载发动机的曲轴轴承材料应能在 200℃ 以内的温度下长期稳定工作而不致熔化或软化。

8）较低的线膨胀系数，以便轴承间隙在工作中不会有很大的变化。

2. 轴承材料的种类

目前使用的轴承材料均为钢背——合金双金属材料，使用最广泛的是钢背——铝基合金和钢背——铜基合金。

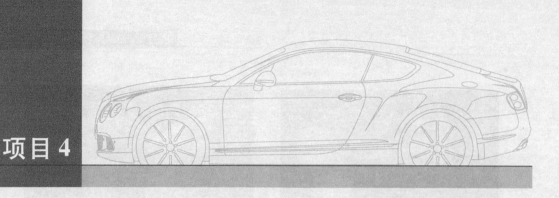

项目 4

配气机构的检测与维修

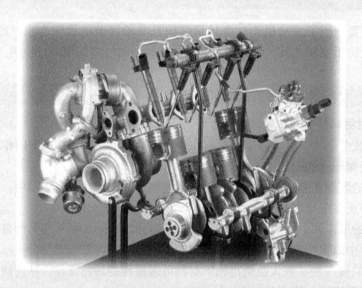

正时传动装置的检修

📋【任务导入】

　　雪佛兰 4S 店来了一批新员工，技术经理委托你对新员工进行入职培训，按照培训计划安排，本次的培训任务为对雪佛兰科鲁兹轿车装配的 LDE 发动机的正时传动装置进行检修。

📋【任务目标】

1. 能通过查阅相关维修技术资料等方式，获取车辆资讯与信息。
2. 掌握汽车发动机配气机构的作用及组成。
3. 掌握配气机构中正时传动装置的类型及检修方法。

📖【知识准备】

一、配气机构的作用及组成

1. 配气机构的作用

　　配气机构的作用是能够按照发动机工作循环和工作顺序的要求，定时地开启和关闭各气缸的进、排气门，使新鲜可燃混合气（汽油机）或纯空气（柴油机）及时地进入气缸，废气及时地从气缸排出，实现最佳换气过程。

2. 配气机构的组成

　　发动机配气机构基本可分成两部分：气门组和气门传动组，如图 4-1-1 所示。

　　气门组用来封闭进、排气道，主要零件包括气门、气门座、气门弹簧、气门导管等。气门组的组成与配气机构的形式基本无关，结构大致相同。

　　气门传动组是从正时齿轮开始至推动气门动作的所有零件，作用是使气门定时开启和关闭。它的组成因配气机构的形式不同而异，主要零件包括正时齿轮（正时链轮和链条或正时带轮和传动带）、凸轮轴、挺柱、推杆、摇臂轴和摇臂等。

二、配气机构正时传动装置的类型

　　配气机构的正时传动装置有正时齿轮传动、链传动和同步带传动三种类型，如图 4-1-2 所示，其特点及应用见表 4-1-1。

表 4-1-1　配气机构各类型正时传动装置的特点及应用

传 动 方 式	传 动 路 线	特 点	应 用
正时齿轮传动	曲轴正时齿轮（钢）→凸轮轴正时齿轮（铸铁或胶木）	工作可靠，啮合平稳，噪声小	凸轮轴下置、中置式配气机构
链传动	曲轴→链条→凸轮轴正时链轮	可靠性、耐久性略差，噪声大，造价高	凸轮轴上置式配气机构

（续）

传 动 方 式	传 动 路 线	特　点	应　用
同步带传动	曲轴→同步带→凸轮轴正时带轮	成本低，工作性能好	凸轮轴上置式配气机构

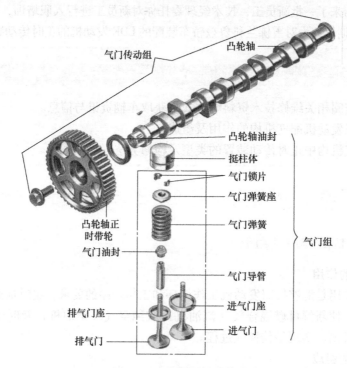

图 4-1-1　配气机构的组成

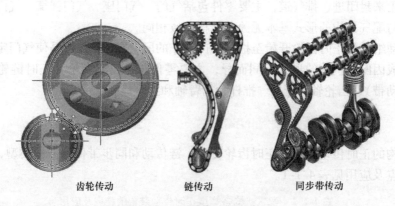

齿轮传动　　　　　链传动　　　　　同步带传动

图 4-1-2　正时传动装置类型

三、正时同步带断裂可能造成的后果

正时同步带通过与曲轴的连接，配合一定的传动比来保证进、排气时间的准确。正时同步带属于橡胶部件，随着使用时间的增加，正时同步带及其附件会发生一定磨损或老化。

当正时同步带过度磨损或者老化时，很容易发生断裂。正时同步带一旦断裂，气门、点火系统就不能正常工作，活塞会由于惯性上下运动，而气门的开闭已经停止，在狭小的燃烧室内活塞很有可能与气门发生碰撞，导致气门杆被撞弯，活塞顶部被撞凹，甚至气缸盖也会损坏。

✄【任务实施】

正时传动装置
的检修

一、任务准备

1. 实训设备

雪佛兰科鲁兹 LDE 发动机或发动机台架。

2. 实训工具

发动拆装常用工具、正时带轮锁止工具等。

3. 实训资料

实训工作页、维修手册、教材。

4. 辅助材料

抹布、白板笔。

二、任务实施

1. 正时同步带外观的检查

目视检查正时同步带是否出现胶面受伤、断齿、齿面磨损、芯线外露、裂纹、脱胶等损伤形式，如图 4-1-3 所示，如出现上述状况应更换正时同步带和张紧器。

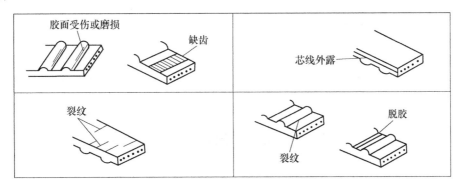

图 4-1-3　正时同步带损伤形式

2. 正时同步带张紧度的检查

正时同步带张紧度的检查主要采用指压法，用手指在正时带轮和中间带轮之间捏住正时同步带，以刚好能转 90° 为张紧度合适，如图 4-1-4 所示。如不符合要求，应更换张紧器及同步带。正时同步带的更换周期一般为 6 万 ~8 万 km。

图 4-1-4　检查正时同步带张紧度

【任务小结】

　　本任务主要介绍了汽车发动机配气机构主要组成及正时传动装置的类型。通过任务训练，学生应掌握正时同步带的更换方法与工具、量具的正确使用方法，并能正确评价检测结果，提出合理的维修建议。

【知识拓展】————正时链轮和链条的检查

　　正时链轮和链条应保持一定的张紧度，链轮和链条磨损后应进行以下检查。

　　1）正时链条长度的检查。如图 4-1-5 所示，用弹簧秤对链条施加拉力，在拉力为 50N 时，若测量的链条长度大于极限值，应更换链条。

　　2）正时链轮最小直径的检查。如图 4-1-6 所示，将链条套在正时链轮（凸轮轴正时链轮和曲轴正时链轮）上，用手指捏紧链条，再用游标卡尺测量其直径，小于允许值时，应更换链条和链轮。

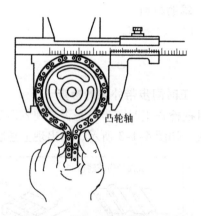

凸轮轴

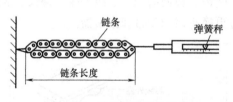

链条

弹簧秤

链条长度

图 4-1-5　检查正时链条长度　　　　图 4-1-6　检查正时链轮最小直径

任务 4.2　气门组件的检修

【任务导入】

　　雪佛兰 4S 店来了一批新员工，技术经理委托你对新员工进行入职培训，按照培训计划安排，本次的培训任务为对雪佛兰科鲁兹轿车装配的 LDE 发动机的气门组件进行检修。

【任务目标】

　　1. 能通过查阅相关维修技术资料等方式，获取车辆资讯与信息。
　　2. 掌握汽车发动机气门组中主要零部件的结构。
　　3. 掌握气门组主要部件的检修方法。

【知识准备】

一、气门组的作用及组成

气门组的作用是适时切断进、排气系统与气缸之间的通道。气门组一般由气门、气门导管、气门弹簧、气门弹簧座、气门锁片、气门油封等组成，如图 4-2-1 所示。

二、气门

1. 气门的作用

气门是燃烧室的组成部分，用于密封进、排气口。

2. 气门的基本结构

气门由头部和杆部两部分组成，如图 4-2-2 所示，气门头部与气门座配合实现密封气缸的进、排气通道的作用，气门杆部则主要为气门的运动导向。

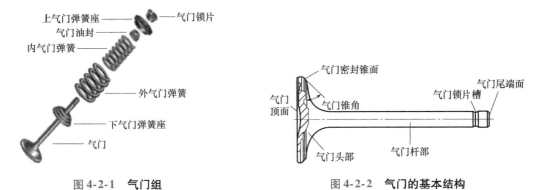

图 4-2-1　气门组

图 4-2-2　气门的基本结构

（1）气门头部的结构形式　气门头部主要有平顶、凸顶（球面顶）和凹顶（喇叭形顶）三种形式，如图 4-2-3 所示，其特点见表 4-2-1。

图 4-2-3　气门头部的结构形式

表 4-2-1　气门头部结构特点

头 部 形 式	特 点
平顶	结构简单，制造方便，吸热面积小，质量也较小，进、排气门都可采用
凸顶（球面顶）	适用于排气门，因为其强度高，排气阻力小，废气的清除效果好；但凸顶的受热面积大，质量和惯性力大，加工较复杂

（续）

头 部 形 式	特　　点
凹顶（喇叭形顶）	凹顶头部与杆部的过渡部分呈流线型，可以减小进气阻力，但其顶部受热面积大，故适用于进气门，而不宜用于排气门

（2）气门锥角　气门锥角是气门头部与气门座圈接触的密封锥面与气门顶部平面的夹角，如图4-2-4所示。进、排气门的气门锥角一般均为45°，少数发动机的进气门锥角为30°。

气门锥角的作用：获得较大的气门座合压力，提高密封性和导热性；气门落座时有较好的对中、定位作用；避免气流拐弯过大而降低流速；能挤掉接触面的沉淀物，起自洁作用。

（3）气门杆部　气门杆部呈圆柱形，有较高的加工精度和较低的表面粗糙度。气门杆部与气门导管保持较小的配合间隙，以减小磨损，并起到良好的导向和散热作用。气门杆尾部用以固定气门弹簧座，其结构随弹簧座的固定方式不同而异。常见的有锥形锁片式和锁销式，如图4-2-5所示。

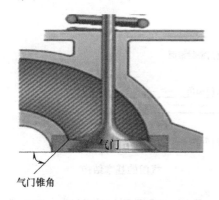

图4-2-4　气门锥角

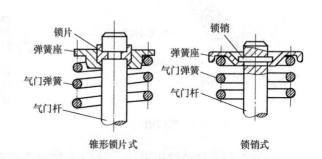

图4-2-5　气门弹簧座的固定方式

3. 气门数目

为提高充气效率，降低进、排气阻力，改善换气性能，现代发动机多采用多气门结构，按每缸气门数目分为二、三、四、五气门，一般情况下进气门在数量上多于排气门，如图4-2-6所示。

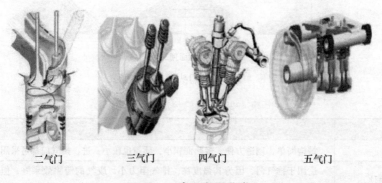

图4-2-6　气门数目分类

三、气门导管

1. 气门导管的作用

气门导管的作用是给气门的运动导向，保证气门和气门座锥面的精确配合，并为气门杆散热。

2. 气门导管的结构

气门导管为圆柱形管，如图 4-2-7 所示，其外表面有较高的加工精度、较低的表面粗糙度，与气缸盖（体）的配合有一定的过盈量，以保证良好的传热并防止松脱。

四、气门座

1. 气门座的作用

进、排气道口与气门密封锥面直接贴合的部位称为气门座。气门座与气门头部一起对气缸起密封作用，同时接受气门头部传来的热量，起到对气门散热的作用。

2. 气门座的结构

气门座可直接在气缸盖上镗出或单独制成气门座圈镶嵌在气缸盖上，如图 4-2-8 所示。直接加工在气缸盖上的气门座散热效果好，使用中不会发生气门座圈脱落事故，但磨损后不便于修换。镶嵌式气门座圈耐磨、耐高温、耐冲击，但导热性能差。

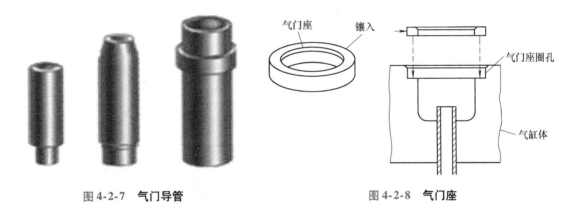

图 4-2-7　气门导管　　　　　　　　图 4-2-8　气门座

五、气门弹簧

1. 气门弹簧的作用

气门弹簧能使气门自动复位关闭，保证气门关闭时能紧密地与气门座或气门座圈贴合，同时防止气门在发动机振动时因跳动而破坏密封。

2. 气门弹簧的构造

气门弹簧为圆柱形螺旋弹簧，其结构如图 4-2-9 所示。气门弹簧一端支承在气缸盖上，而另一端则压在气门杆尾部的气门弹簧座上。气门弹簧的类型如图 4-2-10 所示。

为防止气门弹簧发生共振，可采用变螺距弹簧、锥形弹簧来增加振动阻尼。一些高速发动机采用同心安装的内外两根气门弹簧，由此提高气门弹簧工作的可靠性，当一根弹簧折断时，另一根仍然可以维持工作，防止气门落入气缸内，为防止两个弹簧相扰，内外弹簧的旋向相反。

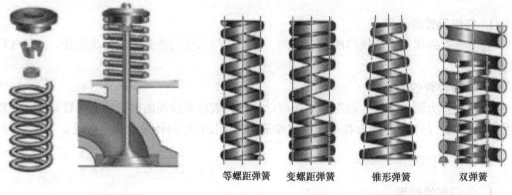

图 4-2-9　气门弹簧

| 等螺距弹簧 | 变螺距弹簧 | 锥形弹簧 | 双弹簧 |

图 4-2-10　气门弹簧类型

六、气门油封

汽车发动机在气门杆上大多装有气门油封。气门油封是发动机气门组的重要零件之一，在高温下与汽油和机油相接触，因此需要采用耐热性和耐油性优良的材料。气门油封一般由外骨架和氟橡胶共同硫化而成，油封径口部安装有自紧弹簧或钢丝，用于发动机气门导杆的密封，如图 4-2-11 所示。气门油封可以防止发动机机油进入排气管，造成机油流失；防止汽油与空气的混合气以及废气泄漏；同时防止发动机机油进入燃烧室。

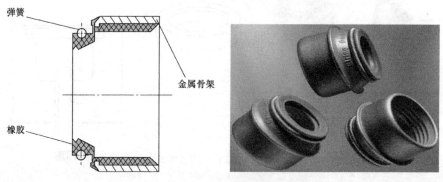

弹簧

金属骨架

橡胶

图 4-2-11　气门油封

✖ 【任务实施】

气门组件的检修

一、任务准备

1. 实训设备

雪佛兰科鲁兹 LDE 发动机的气门组相关部件或发动机台架。

2. 实训工具

游标卡尺、外径千分尺、气门研磨机、印泥等。

3. 实训资料

实训工作页、维修手册、教材。

4. 辅助材料

抹布、白板笔。

二、任务实施

1. 气门的检修

（1）气门外观的检查　凡是出现裂纹、严重烧蚀、气门顶部边缘厚度小于 0.5mm、气门头部歪斜严重等情况，均需更换新气门。

（2）气门杆磨损的检测　用外径千分尺在气门杆三个位置的两个方向分别测量其直径，如图 4-2-12 所示，检测气门杆磨

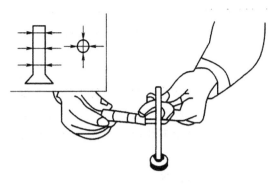

图 4-2-12　检测气门杆磨损量

损程度。当科鲁兹 LDE 发动机气门杆磨损量超过 0.05mm，或用手触摸感觉有明显的阶梯形状时，应更换气门。科鲁兹 LDE 发动机相关技术标准见表 4-2-2。

表 4-2-2　科鲁兹 LDE 发动机相关技术标准

气门杆直径/mm	进气门	4.965~4.980
	排气门	4.950~4.965
气门杆与导管的配合间隙/mm	进气门	0.020~0.051
	排气门	0.035~0.066
气门锥角/(°)	进气门	45
	排气门	45
气门头部直径/mm	进气门	31.100~31.300
	排气门	27.400~27.600
气门总长度/mm	进气门	117.000~117.400
	排气门	116.160~116.360

（3）气门杆弯曲变形的检测　将气门杆架在检测台上，如图 4-2-13 所示。转动气门杆一圈，读取指示表的摆差，其摆差不得大于 0.06mm。

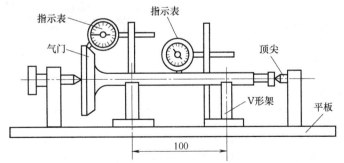

图 4-2-13　检测气门杆的弯曲量

2. 气门导管的检查与更换

（1）检查气门导管与气门杆之间的配合间隙　将气缸盖倒置在工作台上，将气门顶升至高出座口约 10mm，安装磁性指示表座，使指示表的测头触及气门头部边缘，推动气门头

部，同时观察指示表指针的摆动，其摆动量即为实测的近似间隙，如图 4-2-14 所示。如果气门杆与气门导管的配合间隙超过限度，应予以更换。科鲁兹 LDE 发动机相关技术标准见表 4-2-2。

气门杆与导管间隙的经验检查方法为：将气门杆和导管擦净，在气门杆上涂上一层薄机油，将气门放置在导管中，上下拉动数次后，气门在自重下能徐徐下落，表示配合间隙适当。

（2）更换气门导管　气门导管磨损严重会使气门杆与气门导管的配合间隙超过限度，应予以更换。

1）用外径略小于气门导管内孔的阶梯轴铣出气门导管。

2）选择外径尺寸符合要求的新气门导管。

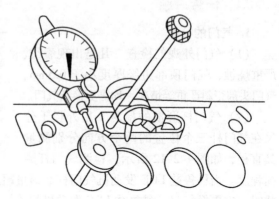

图 4-2-14　气门导管与气门杆之间的配合间隙

3）安装气门导管。用细砂布打磨气门导管承孔口，在承孔内壁与导管外表面上涂少许机油，放正气门导管，按好阶梯轴，用压力机或锤子将气门导管装入承孔内。

（3）更换气门油封

1）将塑料套装到气门杆上，以防损坏新的气门油封。

2）在油封唇口轻涂一层机油，如图 4-2-15 所示。

3）将油封装到安装专用工具上，然后慢慢推到气门导管上，如图 4-2-16 所示。

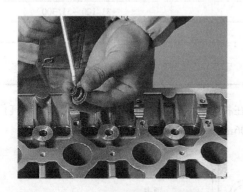

图 4-2-15　在油封唇口处涂机油

图 4-2-16　安装气门油封

3. 气门座的检修

（1）气门密封性的检查　为检验气门座的修复是否合格，需要检查气门与气门座的气密性，以保障发动机正常工作。涂色法检查步骤如下：在气门密封锥面涂上一层蓝或红丹油，把气门放入气门导管承孔内，用力将气门压在气门座上旋转 1/8～1/4 圈后取出，检查气门座上的蓝或红丹油情况，如图 4-2-17 所示。如果蓝或红丹油布满气门座工作面一周而无间断且十分均匀，即表示密封良好，否则应修理或更换。

（2）气门与气门座的研磨　用气动气门研磨机（图 4-2-18）代替手工进行研磨。研磨过程中，将气缸盖或气缸体清洗干净，置于气门研磨机工作台上；在已配好的气门工作面上涂一层研磨膏（先粗磨后细磨），将气门杆部涂以机油装入导管内；调整各转轴，对正气门座孔，连接好研磨装置，调整气门升程，进行研磨。当气门工作面磨出整齐、无斑痕和麻点的接触环带时，将粗研磨膏洗去，换用细研磨膏继续研磨，直到气门工作面出现一条整齐的灰色无光的环带时，洗去细研磨膏，涂上机油再研磨几分钟。最后洗净气门、气门座、气门导管。

图 4-2-17　涂色法检查气门密封性

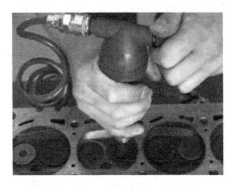

图 4-2-18　气动气门研磨机

研磨时应注意：研磨膏不宜过多，以免进入气门导管，造成气门杆与气门导管的早期磨损；在保证密封的前提下，研磨时间不宜过长，拍击力不宜过猛，以防环带过宽，出现凹陷。

4. 气门弹簧的检测

气门弹簧的耗损除断裂外，还有歪斜、弹力减退等。气门弹簧的歪斜将影响气门关闭时的对中性，使气门关闭不严，容易烧蚀密封锥面，影响发动机的正常工作。

1）测量弹簧的自由长度是否符合标准，如图 4-2-19 所示，如果低于极限值，应该予以更换，科鲁兹 LDE 发动机气门弹簧标准见表 4-2-3。

表 4-2-3　科鲁兹 LDE 发动机气门弹簧标准　　　　　　　（单位：mm）

气门弹簧自由长度	175 ~ 195N 载荷条件下 气门弹簧长度	427 ~ 473N 载荷条件下 气门弹簧长度
41.00	35.00	25.50

2）检测气门弹簧的端面与中心线的垂直度（气门弹簧在自由状态下），如图 4-2-20 所示。气门弹簧的垂直度不应超过 1mm，否则应更换。

3）检测气门弹簧的弹力，在弹簧检验仪上进行，如图 4-2-21 所示。科鲁兹 LDE 发动机气门弹簧标准见表 4-2-3，超过相关技术标准应予以更换。

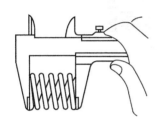

图 4-2-19　测量自由长度

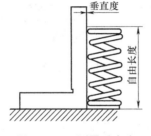

图 4-2-20　测量垂直度

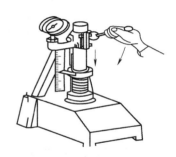

图 4-2-21　测量弹簧弹力

⇦【任务小结】

　　本任务主要介绍了汽车发动机气门组主要零部件的作用、结构及检修方法。通过任务训练，学生要知道气门组主要零部件对发动机性能影响极大，在检修过程中要严格按照维修手册或相关要求，进行标准化、规范化的操作。

📠【知识拓展】——气门密封性检测与气门研磨

一、气门密封性的检测

　　气门的密封性检测除前述的涂色法以外，通常还有以下几种方法。

1. 画线法

　　用铅笔在气门锥面上沿垂直于密封带方向画若干条线，将气门放入气门座内，不装气门弹簧，转动气门1/4圈（或在气门上下拍击数次），取出气门检查，如图4-2-22所示。如果铅笔线条均被切断，则表示密封性良好，否则需修理。

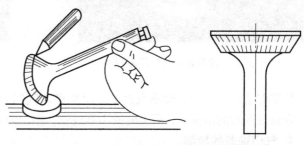

图4-2-22　铅笔画线法检查气门密封性

2. 渗油法

　　将气门放入气门导管承孔内，并使气门紧贴气门座的密封锥面，然后在气门上倒上足够的煤油，经3~5min后，如没有出现漏油现象，则可认为密封性良好。

3. 气压试验法

　　用带有气压表的气门密封检验器进行检查，如图4-2-23所示。将检验器的空气容筒紧紧压在气门座的外缘上，并使空气容筒与气缸盖结合面保持良好的气密性，然后用手捏橡皮球向空气容筒内充气，使其具有0.6~0.7MPa的气压，如果在30s内气压表的读数不下降，则表示密封性良好。

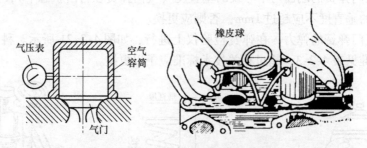

图4-2-23　气压试验法检查气门密封性

二、手工研磨气门与气门座

　　手工研磨是用带橡皮碗的木柄捻子吸住气门，使气门相对于气门座进行上下拍击与旋转运动，如图 4-2-24 所示，要点如下：

　　1）洗净气门、气门座、气门导管，清除积炭。

　　2）在气门工作面上均匀涂抹一层粗研磨膏，如图 4-2-25 所示，气门杆上涂少许机油，将气门杆插入导管内，用气门捻子吸住气门。

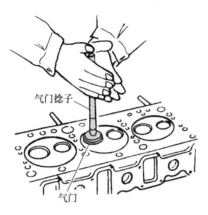

图 4-2-24　手工研磨气门

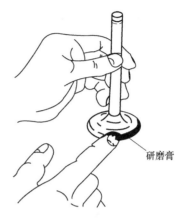

图 4-2-25　涂研磨膏

　　3）研磨时，一边用手指搓动气门捻子的木柄，使气门单向旋转一定角度，一边将气门捻起一定高度后落下进行拍击。注意始终保持单向旋转，角度不宜过大，不断提起和转动气门，变换气门与气门座的相对位置，以保证研磨均匀。

　　4）当气门磨出整齐、无斑痕和麻点的接触环带时，将粗研磨膏洗去，换用细研磨膏继续研磨，直到气门工作面出现一条整齐的灰色无光的环带时，洗去细研磨膏，涂上机油再研磨几分钟。

　　5）最后洗净气门、气门座、气门导管。

任务 4.3　气门传动组件的检修

【任务导入】

　　雪佛兰 4S 店来了一批新员工，技术经理委托你对新员工进行入职培训，按照培训计划安排，本次的培训任务为对雪佛兰科鲁兹轿车装配的 LDE 发动机的气门传动组件进行检修。

【任务目标】

　　1. 能通过查阅相关维修技术资料等方式，获取车辆资讯与信息。
　　2. 掌握汽车发动机气门传动组中主要零部件的结构。
　　3. 掌握气门传动组主要部件的检修方法。

一、气门传动组的作用及组成

气门传动组的作用是按规定的配气相位定时地驱动气门开闭，并保证气门有足够的开度和适当的气门间隙。气门传动组一般由正时传动装置、凸轮轴、挺柱、推杆、摇臂等组成，如图4-3-1所示。

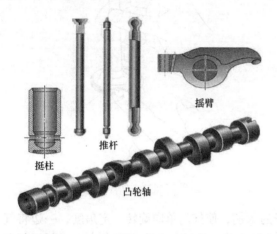

图 4-3-1　气门传动组

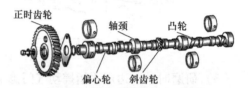

图 4-3-2　凸轮轴的基本结构

二、凸轮轴

1. 凸轮轴的作用

凸轮轴的作用是驱动和控制发动机各缸气门的开启和关闭，使其符合发动机的工作顺序、配气相位及气门开度的变化规律等要求。有些汽油发动机还用它来驱动汽油泵偏心轮、机油泵和分电器等。

2. 凸轮轴的基本结构

凸轮轴主要由凸轮和凸轮轴轴颈组成，有些带斜齿轮和偏心轮，如图4-3-2所示。

3. 凸轮的布置

发动机各个气缸的进、排气凸轮的相对角位置应符合发动机各缸工作循环的要求，且与既定的配气相位相适应。因此，根据凸轮轴的旋转方向以及各缸进、排气凸轮的工作顺序，就可以判定发动机的工作顺序。

四冲程发动机每完成一个工作循环，曲轴旋转两周，凸轮轴只转一周。

三、推杆

推杆将凸轮轴和挺柱传来的推力传给摇臂，是传统配气机构中最容易弯曲的零件之一，其结构如图4-3-3所示。

推杆要求有很大的刚度和纵向稳定性，在动载荷大的发动机中，推杆应尽量做得短些。推杆常采用硬铝合金、锻铝、无缝钢管等制成，两边的球头需经淬火和磨光，以保证其耐磨性。

图 4-3-3　推杆

图 4-3-4　摇臂

四、摇臂

摇臂的功用是将推杆或凸轮的作用力改变方向传给气门使其开启，其结构如图 4-3-4 所示。摇臂在摆动过程中受很大的弯矩，因此应有足够的强度和刚度以及较小的质量。摇臂可由锻钢、可锻铸铁、球墨铸铁或铝合金制造。

摇臂是一个双臂杠杆，以摇臂轴为支点，两臂不等长。短臂端加工有螺纹孔，用来拧入气门间隙调整螺钉；长臂端加工成圆弧面，是推动气门的工作面。为了防止摇臂的窜动，在摇臂轴上每两个摇臂之间都装有定位弹簧。

✖【任务实施】

气门传动组件
的检修

一、任务准备

1. 实训设备

雪佛兰科鲁兹 LDE 发动机的凸轮轴或发动机台架。

2. 实训工具

外径千分尺、指示表、V 形架等。

3. 实训资料

实训工作页、维修手册、教材。

4. 辅助材料

抹布、白板笔。

二、任务实施

1. 凸轮轴表面的检修

现代发动机的配气凸轮均为组合线型，需在专用磨床上用靠模加工，凸轮修磨十分困难。当凸轮表面仅有轻微烧蚀或凹槽时，可用砂条修磨；若凸轮表面磨损严重，应予以更换。

2. 凸轮轴弯曲变形的检测

1）清洁凸轮轴。

2）将 V 形架置于工作台上，把凸轮轴轴颈置于 V 形架上，如图 4-3-5 所示。

3）在工作台上安装磁性表座、指示表，使指示表测头与凸轮轴中间轴颈垂直接触，且指示表小指针有 1 ~ 2mm 压缩量。

4）转动凸轮轴，观察指示表，指示表指针摆动最大量即为凸轮轴的径向圆跳动，记录测量值。允许的最大径向圆跳动为 0.03mm。

3. 凸轮磨损的检测

用外径千分尺测量凸轮轴凸轮的高度，如图 4-3-6 所示，当凸轮最大升程 H 减小值大于 0.40mm 时，应更换凸轮轴。

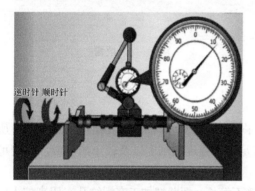

图 4-3-5　凸轮轴弯曲变形的检测

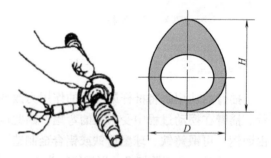

图 4-3-6　凸轮磨损的检测

【任务小结】

本任务主要介绍了发动机气门传动组中主要零部件的结构、作用及凸轮轴弯曲变形、凸轮磨损的检测方法。通过任务训练，学生应掌握工具、量具的正确使用方法，同时应会对检测结果进行分析评价，并能提出合理化的维修建议。

【知识拓展】——配气相位与 VVT、VTEC

一、配气相位

用曲轴转角表示的进、排气门开闭时刻和开启持续时间称为配气相位，如图 4-3-7 所示。进、排气门的开闭时刻称为配气正时。配气相位的内容包括：进气提前角、进气迟后角、排气提前角、排气迟后角。

1. 进气提前角

进气提前角是指在排气行程接近终了，活塞到达上止点之前，进气门便开始开启。从进气门开始开

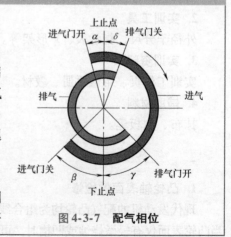

图 4-3-7　配气相位

启到上止点所对应的曲轴转角称为进气提前角（或早开角）。进气提前角用 α 表示，α 一般为 $10° \sim 30°$。进气门早开，使得活塞到达上止点开始向下运动时，因进气门已有一定开度，所以可较快地获得较大的进气通道截面，减小进气阻力。

2. 进气迟后角

在进气行程下止点过后，活塞又重新上行一段进气门才关闭。从下止点到进气门关闭所对应的曲轴转角称为进气迟后角。进气迟后角用 β 表示，β 一般为 $40° \sim 80°$。活塞到达下止点时，由于进气阻力的影响，气缸内的压力仍低于大气压，进气门晚关，可利用压力差和进气惯性继续进气。

3. 排气提前角

在做功行程的后期，活塞到达下止点前，排气门便开始开启。从排气门开始开启到下止点所对应的曲轴转角称为排气提前角，用 γ 表示，γ 一般为 $40° \sim 80°$。排气提前的目的是利用气缸内的废气压力提前自由排气；废气提前排出可使排气行程所消耗的功率大为减小；高温废气的早排，还可以防止发动机过热。

4. 排气迟后角

在活塞越过上止点后，排气门才关闭。从上止点到排气门关闭所对应的曲轴转角称为排气迟后角（或晚关角）。排气迟后角 δ 表示，δ 一般为 $10° \sim 30°$。活塞到达上止点时，气缸内的压力仍高于大气压，废气气流还有一定的惯性，利用气缸内外压力差和气流惯性可继续排气。

二、发动机可变气门正时技术（VVT）

发动机可变气门正时技术（VVT，Variable Valve Timing）原理是根据发动机的运行情况，调整进气（排气）量和气门开闭的时间、角度，以提高充气效率，增加发动机功率。

采用可变气门正时技术可以改善发动机的性能。发动机转速不同，要求不同的配气正时。当发动机转速改变时，进气流速和强制排气时期的废气流速也随之改变，因此在气门晚关期间利用气流惯性增加进气和促进排气的效果将会不同。

例如，当汽车发动机低速运转时，气流惯性小，若此时配气正时保持不变，则部分进气将被活塞推出气缸，使进气量减少，气缸内残余废气将会增多。当发动机高速运转时，气流惯性大，若此时增大进气迟后角和气门重叠角，则会增加进气量并减少残余废气量，使发动机的换气过程臻于完善。

四冲程发动机的配气正时应该是进气迟后角和气门重叠角随发动机转速的升高而加大。

三、可变气门正时和升程电子控制系统（VTEC）

1. 结构

许多本田轿车发动机采用 VTEC，VTEC 是英文 Variable Valve Timing and Valve Lift Electronic Control System 的缩写，意思是可变气门正时和升程电子控制系统，其结构如图 4-3-8 所示。VTEC 能随发动机转速、负荷、冷却液温度等运行参数的变化，适当地调整配气正时和气门升程，从而使发动机在高、低速下均能发挥最大效率。

装有 VTEC 的发动机，每个气缸均有两个进气门和两个排气门。它的两个进气门有主次之分，即主进气门和次进气门，每个进气门均由单独的凸轮通过摇臂来驱动。主、次摇臂之间设有一个中间摇臂，它不与任何气门接触，三个摇臂并列在一起，驱动摇臂的三个凸轮升程不同。

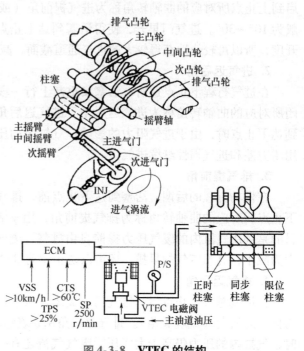

图 4-3-8 VTEC 的结构

2. 工作原理

1）发动机低速运转时，ECM 无工作指令，油道内无控制油压，各摇臂中的柱塞都在各自的柱塞孔中，各摇臂独自摆动，互不影响。主摇臂随主凸轮开闭主进气门，次凸轮推动次摇臂微开次进气门，中间摇臂只是空转。

2）发动机高速运转时（发动机转速达到 2300~2500r/min，车速达到 10km/h 以上，节气门开度达到 25% 以上，冷却液温度在 60℃ 以上），ECM 控制 VTEC 电磁阀开启液压油道，油压推动正时柱塞、同步柱塞和限位柱塞移动，将三个摇臂连为一体。由于中间凸轮的升程大于另外两个凸轮，且凸轮的相位角也加大，主、次进气门都大幅度地同步开闭。此时，发动机处于"双进双排"工作状态，功率明显增大。

任务 4.4　气门间隙的检查

【任务导入】

雪佛兰 4S 店来了一批新员工，技术经理委托你对新员工进行入职培训，按照培训计划安排，本次的培训任务为对雪佛兰科鲁兹轿车装配的 LDE 发动机的气门间隙进行检查。

【任务目标】

1. 能通过查阅相关维修技术资料等方式，获取车辆资讯与信息。
2. 掌握气门间隙对汽车发动机使用性能的影响。
3. 掌握气门间隙的调整、检查方法。

同【知识准备】

一、气门间隙

1. 气门间隙定义

发动机冷态装配时，气门组与气门传动组之间必须留有一定的间隙，以补偿气门受热后的膨胀量，这一间隙称为气门间隙，如图4-4-1所示。

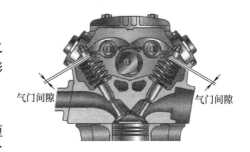

图4-4-1　气门间隙

2. 气门间隙过大、过小的危害

（1）间隙过大　进、排气门开启迟后，缩短了进、排气时间，降低了气门开启高度，改变了正常的配气相位，使发动机因进气不足、排气不净而功率下降。此外，还使配气机构零件的撞击增加，磨损加快。

（2）间隙过小　发动机工作后，零件受热膨胀，将气门推开，使气门关闭不严，造成漏气，功率下降，并使气门的密封锥面严重积炭或烧坏，甚至导致气门撞击活塞。

在装有液压挺柱的配气机构中，由于液压挺柱能自动"伸长"和"缩短"，可补偿气门的热胀冷缩，所以不需要留有气门间隙。

二、气门间隙的调整方法

气门间隙应符合原厂规定。在二级维护时，应对气门间隙进行检查和调整。

1. 两次调整法——"双排不进"法

两次调整法是指只要把发动机的曲轴摇转两次，就能把多缸发动机的所有气门全部检查调整好。

"双排不进"法的"双"指处于上止点的气缸的两个气门间隙均可调整，"排"指该缸的排气门间隙可调整，"不"指该缸的两个气门间隙均不可调整，"进"指该缸的进气门间隙可调整。

以工作顺序为1-3-4-2的四缸发动机为例，两次调整法操作步骤如下。

1）当第一缸活塞处于压缩行程上止点位置时，按表4-4-1调整气门间隙。

2）当调整完第一步后，旋转曲轴一周，使第四缸活塞处于压缩行程上止点位置，按表4-4-1调整气门间隙。

如此两次进行，便可将全部气门间隙调整完毕。

表4-4-1　四缸发动机"双排不进"法气门间隙调整表

	第一缸活塞处于压缩行程上止点位置时				第四缸活塞处于压缩行程上止点位置时			
	缸号	工作状态	进气门	排气门	缸号	工作状态	进气门	排气门
双	1	压缩-做功（上）	O	O	4	压缩-做功（上）	O	O
排	3	进气-压缩（下）	×	O	2	进气-压缩（下）	×	O
不	4	排气-进气（上）	×	×	1	排气-进气（上）	×	×
进	2	做功-排气（上）	O	×	3	做功-排气（上）	O	×

注：O代表可调，×代表不可调。

2. 逐缸调整法

逐缸调整法要求调整的气缸活塞处于压缩行程上止点（此时进、排气门完全处于关闭状态），结合发动机的工作顺序进行调整。

以工作顺序为 1-3-4-2 的四缸发动机为例，调整方法为：先将曲轴摇转到第一缸活塞处于压缩行程上止点位置，此时可调整第一缸的进、排气门；依次摇转曲轴180°，分别使第三缸、第四缸、第二缸活塞处于压缩行程上止点位置，便可将所有气门间隙调整完毕。

✖【任务实施】

气门间隙的检查

一、任务准备

1. 实训设备

雪佛兰科鲁兹 LDE 发动机或发动机台架。

2. 实训工具

汽车发动机拆装专用工具、塞尺等。

3. 实训资料

实训工作页、维修手册、教材。

4. 辅助材料

抹布、白板笔。

二、任务实施

1）拆下正时同步带护罩、凸轮轴盖和同步带张紧器。

2）在发动机旋转方向设置曲轴扭转减振器，直到第一缸活塞处于压缩行程上止点位置，如图4-4-2所示。

3）使第二缸进气侧凸轮和第三缸排气侧凸轮位于顶部且略微向内倾斜相同角度，如图4-4-3所示。检查第一缸进气门和排气门、第二缸进气门、第三缸排气门的气门间隙是否符合规定，如图 4-4-4 所示。进气门为 0.21 ~ 0.29mm（标称值为 0.25mm），排气门为 0.27 ~ 0.35mm（标称值为 0.30mm）。

图 4-4-2　对齐第一缸上止点

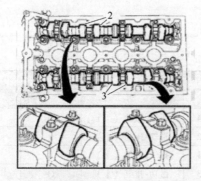

图 4-4-3　调整第二缸、第三缸凸轮轴位置

图 4-4-4　检查气门间隙

4）通过曲轴扭转减振器螺栓将曲轴沿发动机旋转方向转动 360°，检查第二缸排气门、第三缸进气门、第四缸进气门和排气门的气门间隙。

【任务小结】

本任务主要介绍了汽车发动机气门间隙对发动机使用性能的影响及气门间隙的调整方法。通过任务训练，学生可以独立使用专用工具、量具对发动机气门间隙进行检查，进而达到与实践相适应的相关要求。

【知识拓展】——六缸发动机气门间隙调整（两次调整法）

表 4-4-2　六缸发动机气门间隙调整表

工作顺序	1	5	3	6	2	4
	1	4	2	6	3	5
所在行程	压缩	压缩	进气	排气	排气	做功
进气门开闭情况	闭	开	开	开	闭	闭
排气门开闭情况	闭	闭	闭	开	开	开
工作顺序	6	2	4	1	5	3
	6	3	5	1	4	2
所在行程	压缩	压缩	进气	排气	排气	做功
进气门开闭情况	闭	开	开	开	闭	闭
排气门开闭情况	闭	闭	闭	开	开	开
口诀	双		排	不		进

任务 4.5　液压挺柱的检修

【任务导入】

雪佛兰 4S 店来了一批新员工，技术经理委托你对新员工进行入职培训，按照培训计划安排，本次的培训任务为对雪佛兰科鲁兹轿车装配的 LDE 发动机的液压挺柱进行检修。

【任务目标】

1. 能通过查阅相关维修技术资料等方式，获取车辆资讯与信息。
2. 掌握汽车发动机液压挺柱的结构。
2. 掌握液压挺柱的检修方法。

【知识准备】

一、液压挺柱的作用

液压挺柱的作用是将凸轮轴的运动和作用力传给气门组，自动消除气门及传动机构的间隙，减小各零件的冲击和噪声；而且凸轮轮廓可设计得比较陡，气门的开启和关闭更快，以减小进、排气阻力，改善发动机的换气质量，提高发动机的性能，特别是高速性能。

二、液压挺柱的构造与工作原理

1. 构造

液压挺柱的基本组成如图4-5-1所示。

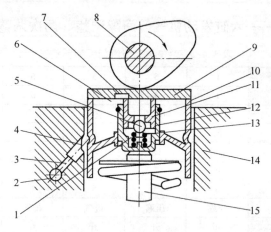

图4-5-1 液压挺柱的组成

1—高压油腔 2—气缸盖油道 3—油量孔 4—斜油孔 5—球阀 6—低压油腔 7—键形槽 8—凸轮轴
9—挺柱体 10—柱塞焊缝 11—柱塞 12—液压缸 13—补偿弹簧 14—气缸盖 15—气门杆

2. 工作原理

液压挺柱的工作原理如图4-5-2所示。

在气门打开的过程中，凸轮推动挺柱体和柱塞下移，液压缸受到气门弹簧的阻力而不能马上下移，导致油压升高，球阀将阀门关闭。由于油液的不可压缩性，整个挺柱如同一个刚体一样下移，将气门打开。在此期间，柱塞与液压缸之间的间隙也会存在一些油液泄漏，但不影响气门的正常打开。

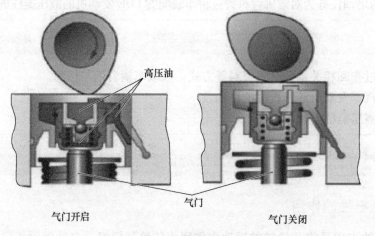

高压油

气门

气门开启　　　　　　　气门关闭

图4-5-2 液压挺柱工作原理

在气门关闭的过程中，挺柱上移，由于仍受到凸轮和气门弹簧两方面的顶压，高压油腔仍保持高压，球阀仍处于关闭状态，液压挺柱仍是一个刚体，直至气门完全关闭为止。

气门关闭以后，补偿弹簧将柱塞继续向上推动一个微小的行程（补偿由于油液泄漏而造成的柱塞与挺柱体的下降），此时球阀打开，低压油腔的油液进入高压油腔内。

当气门受热膨胀时，通过柱塞与液压缸的间隙，高压油腔的油液向低压油腔泄漏一部分，柱塞与液压缸产生相对运动，从而使挺柱自动"缩短"，保证气门关闭紧密。

当气门冷却收缩时，弹簧将柱塞向上推动，球阀打开，低压油腔的油液进入高压油腔，挺柱自动"伸长"，保证无气门间隙。

✖【任务实施】

液压挺柱的检修

一、任务准备

1. 实训设备

雪佛兰科鲁兹 LDE 发动机或发动机台架。

2. 实训工具

塞尺、直尺等。

3. 实训资料

实训工作页、维修手册、教材。

4. 辅助材料

抹布、白板笔。

二、任务实施

液压挺柱应定期进行检查，检查时应注意：

1）液压挺柱与承孔的配合间隙一般为 0.01~0.04mm，使用极限为 0.10mm。超限后应更换液压挺柱。

2）检查液压挺柱的密封性。液压挺柱中的柱塞和液压缸是对精密偶件，其配合间隙不超过 0.04mm。过度磨损会影响液压挺柱的升程，同时还会发生漏油现象。有条件时，应在专用试验台上检查液压挺柱的密封性。将规定压力施加于液压挺柱上，测量柱塞向下滑移规定的距离所需要的时间，若测量值低于标准值，则应更换。液压挺柱必须整套更换，不能进行调整或维修。

3）起动发动机使其运转直到冷却液温度达到 80℃，将发动机转速提高到 2500r/min 并运转 2min，如果液压挺柱产生的噪声还是很大（起动时液压挺柱的异常噪声是正常的），按照如下步骤检查：

① 拆卸气缸盖罩。

② 按照顺时针方向转动曲轴，使待检查的液压挺柱的凸轮朝上。

③ 测量凸轮和液压挺柱之间的间隙，如图 4-5-3 所示。如果间隙大于 0.2mm，则更换液压挺柱。

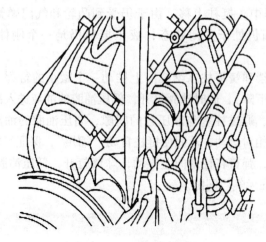

图 4-5-3　液压挺柱检查

【任务小结】

　　本任务主要介绍了液压挺柱的结构、作用、工作原理及其检修方法。通过任务训练，学生应掌握工具、量具的正确使用方法，同时应会对检测结果进行分析评价，并能提出合理化的维修建议。

【知识拓展】——可变进气系统

　　由于进气过程具有间歇性和周期性，致使进气歧管内产生一定幅度的压力波，此压力波以当地声速在进气系统内传播并往复反射。如果用一定长度和直径的进气歧管与一定容积的谐振室组成谐振系统，并使其固有频率与气门的进气周期协调，那么在特定的转速下，在进气门关闭之前，进气歧管内就会产生大幅度的压力波，使进气歧管的压力增高，从而增加进气量。这就是进气波动效应。

　　发动机在高转速、大负荷时应配用粗短的进气歧管；在中、低转速和中、小负荷下应配用较长的进气歧管。可变进气歧管就是为适应这种要求而设计的。可变进气歧管充分利用进气波动效应并尽量缩小发动机在高、低转速下进气速度的差别，从而达到改善发动机经济性及动力性的目的。

　　当发动机低速运转时，发动机电子控制装置指令转换阀控制机构关闭转换阀，这时空气经空气滤清器和节气门沿着弯曲而又细长的进气歧管流进气缸。细长的进气歧管提高了进气速度，增强了气流的惯性，使进气量增多。

　　当发动机高速运转时，转换阀开启，空气经空气滤清器和节气门直接进入粗短的进气歧管。粗短的进气歧管进气阻力小，也使进气量增多。

　　可变长度进气歧管不仅可以提高发动机的动力性，还由于提高了发动机在中、低转速下的进气速度而增强了气缸内的气流强度，从而改善了燃烧过程，使发动机中、低速燃油经济性有所提高。

项目 5

润滑系统的检测与维修

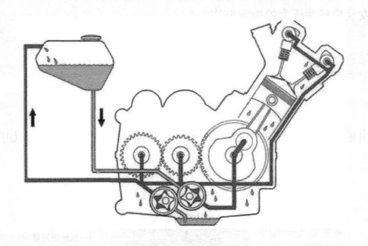

📖【项目导读】

描述	本项目介绍了润滑系统的功用、组成及工作条件，重点讲述了润滑系统主要零部件的检修方法。通过学习要求学生掌握润滑系统主要部件的结构特点、工作原理及检修方法。
任务	任务 5.1　发动机机油压力的检测 任务 5.2　机油滤清器的检修 任务 5.3　机油泵的检修

任务 5.1　发动机机油压力的检测

【任务导入】

　　雪佛兰 4S 店来了一批新员工，技术经理委托你对新员工进行入职培训，按照培训计划安排，本次的培训任务为对雪佛兰科鲁兹轿车装配的 LDE 发动机的机油压力进行检测。

【任务目标】

1. 能通过查阅相关维修技术资料等方式，获取车辆资讯与信息。
2. 掌握汽车发动机润滑系统的组成、润滑方式及作用。
3. 掌握发动机机油压力的检测方法。

【知识准备】

一、润滑系统的组成

润滑系统由油底壳、集滤器、机油泵、机油滤清器和机油道等组成，如图 5-1-1 所示。

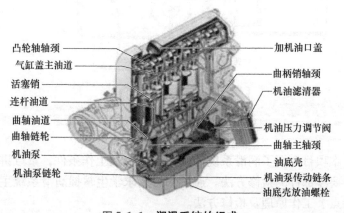

图 5-1-1　润滑系统的组成

二、润滑系统的原理及功用

1. 工作原理

　　机油泵通过集滤器将油底壳内的发动机机油吸入机油泵腔内，加压后输送至机油滤清器；机油滤清器将机油过滤后，通过主油道输送至曲柄连杆机构及配气机构，对机件进行润滑；机油在机件表面形成油膜后沿油道流回油底壳，再由机油泵吸入、泵出，如此反复，如图 5-1-2 所示。

2. 功用

润滑系统具有多种功用，见表 5-1-1。

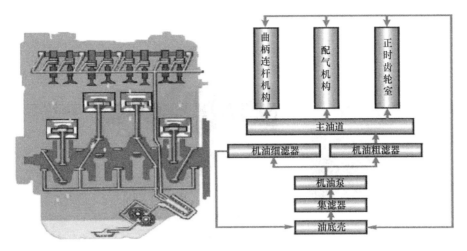

图 5-1-2　工作原理示意图

表 5-1-1　润滑系统的功用

润滑	润滑运动零件表面，减小摩擦阻力和磨损，减小发动机的功率消耗
清洁	机油在润滑系统内不断循环，清洗摩擦表面，带走磨屑和其他异物
冷却	机油在润滑系统内循环还可带走摩擦产生的热量，起冷却作用
密封防腐	在运动零件表面形成油膜，提高密封性，防止漏油、漏气，同时防止生锈
减振缓冲	在运动零件表面形成油膜，吸收冲击并减少振动，起减振缓冲作用

三、润滑方式

1. 压力润滑

利用机油泵将具有一定压力的机油源源不断地送往摩擦表面，这种润滑方式称为压力润滑。曲轴主轴承、连杆轴承及凸轮轴轴承等处采用压力润滑。

2. 飞溅润滑

利用发动机工作时运动零件飞溅起来的机油油滴或油雾来润滑摩擦表面的润滑方式称为飞溅润滑。活塞、活塞销、气缸壁及配气机构的凸轮表面和挺柱等处采用飞溅润滑。

3. 润滑脂润滑

发动机辅助系统中有些零件只需定期加注润滑脂（黄油）进行润滑，比如水泵、发电机轴承等处的润滑。

四、油压显示

驾驶人通过机油压力指示灯得知机油压力的状况，该指示灯从位于机油循环高压管路中的机油压力开关获取所需要的信息。发动机起动后，机油压力达到 300～600kPa 时，机油压力开关就会断开电路，机油压力指示灯熄灭。

机油压力开关用于检测发动机有无机油压力，它由膜片、弹簧及触点组成，如图 5-1-3 所示。当无机油压力作用时，弹簧推动膜片，触点处于闭合状态（ON）；当机油压力达到规定值时，膜片克服弹簧作用力，使触点断开（OFF）。

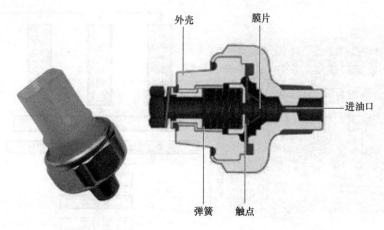

图 5-1-3　机油压力开关

五、检测机油压力的目的

检测机油压力的主要目的是检查限压阀是否有故障、机油油道是否存在缺陷及机油泵能否建立起正常的机油压力等。

✖【任务实施】

发动机机油压力的检测

一、任务准备

1. 实训设备
雪佛兰科鲁兹轿车或发动机台架。

2. 实训工具
机油压力表、汽车拆装常用工具等。

3. 实训资料
实训工作页、维修手册、教材。

4. 辅助材料
抹布、白板笔。

二、任务实施

1. 车辆基本检查
1）车辆安全防护。
2）登记车辆基本信息。
3）车辆油、水、电基本检查。

2. 机油压力的检测
（1）机油压力的检测方法
1）将车辆停放在水平地面上，拉好驻车制动器。
2）打开发动机舱盖，检查机油油量，应符合规定。
3）检查润滑管路、曲轴油封、油底壳及气门室罩，不应有漏油现象。

4）起动发动机预热至正常工作温度后熄火。

5）停几分钟后在发动机熄火状态下，将机油压力开关卸下。

6）将专用的转换接头旋入机油压力开关的螺孔内，接上机油压力表（图5-1-4）。

7）起动发动机至怠速，检查机油压力表的读数，记录读数；提高发动机转速至2500r/min以上，再次记录机油压力表读数，如图5-1-5所示。

图 5-1-4   机油压力表

图 5-1-5   检测机油压力

（2）根据检测结果进行分析和判断

1）发动机怠速运转时，机油压力应为 85～400kPa；发动机转速达到 2000r/min 时，机油压力应为 200～400kPa；发动机转速达到 3700r/min 时，机油压力应为 300～400kPa。

2）如果机油压力小于标准值，应检查机油泵滤网、机油泵、限压阀等是否正常。

3）机油压力最高不允许超过 700kPa，如果超出标准值，应检查机油油道是否堵塞，机油泵限压阀是否卡滞。

⟳【任务小结】

本任务主要介绍了汽车发动机润滑系统的组成、润滑方式及对机油压力检测的方法。通过任务训练，学生可以独立使用专用工具、量具对发动机机油压力进行检测。

🖳【知识拓展】——机油的品质标准

机油根据基础油的不同可以分为矿物机油、半合成机油、合成机油和全合成机油，其中全合成机油等级最高。合成机油是利用化学合成方法制成的机油，其主要特点是具有良好的黏度温度特性，可以满足大温差的使用要求；有优良的热氧化安定性，可长期使用不需更换。使用合成机油，发动机的燃油经济性会稍有改善，并可降低发动机的冷起动转速。

我国机油的品质标准是按机油的使用性能和黏度等级两种分类方法来划分的，是参照美国石油协会（API）和美国汽车工程师协会（SAE）相应的分类标准来制订的。

汽油机机油按 API 质量分级法分为 SE、SF、SG、SH、SL、SM 和 SN 等质量等级，柴油机机油分为 CC、CD、CE、CF、CF-2、CF-4、CG-4、CH-4 和 CI-4 等质量等级。等级

越高，机油品质越好。汽油机机油和柴油机机油原则上不能相互代用，特别是汽油机机油不能用于柴油机。但是，标有 SL/CF 字样的机油，则为汽油机、柴油机两用机油，其标号的含义是指该机油用于汽油机时符合 SL 质量等级，用于柴油机时符合 CF 质量等级。

发动机机油按 SAE 黏度分类法有 0W、5W、10W、15W、20W、25W 和 20、30、40、50、60 等级别。标号越大，黏度指标就越高。带有"W"字样的机油是指冬用机油，无"W"字样的机油是指夏用机油，标有 15W/40 字样的机油是冬、夏通用机油，国外称为复合机油，国内则称为多级机油。

任务 5.2　机油滤清器的检修

【任务导入】

雪佛兰 4S 店来了一批新员工，技术经理委托你对新员工进行入职培训，按照培训计划安排，本次的培训任务为对雪佛兰科鲁兹轿车装配的 LDE 发动机的机油滤清器等部件进行检修。

【任务目标】

1. 能通过查阅相关维修技术资料等方式，获取车辆资讯与信息。
2. 掌握汽车发动机润滑系统中主要零部件的结构。
3. 掌握机油滤清器、曲轴箱通风装置等主要部件的检修方法。

【知识准备】

一、机油集滤器

集滤器装在发动机机油泵之前，一般采用滤网式，其作用是防止较大的机械杂质进入机油泵，主要有浮式集滤器和固定式集滤器两类。

浮式集滤器通过浮筒而使集滤器悬浮在机油表面上，如图 5-2-1 所示；固定式集滤器固装于油底壳底部，如图 5-2-2 所示。

浮式集滤器的优点：能吸入油面上较清洁的机油；缺点：易吸入油面上的泡沫，使供油量不足且结构复杂。

固定式集滤器的优点：可防止吸入泡沫油，供油量充足，结构简单；缺点：吸入的机油清洁度较差。

二、机油滤清器

滤清器安装于发动机机油泵和主油道之间，用于滤去机油中的杂质，保持机油清洁，延长发动机的使用寿命。滤清器主要由滤纸与壳体两大部分组成，其中还有密封圈、支撑弹簧等辅助部件，如图 5-2-3 所示。

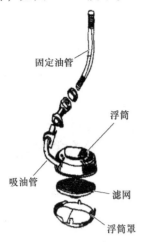

图 5-2-1　浮式集滤器

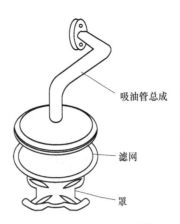

图 5-2-2　固定式集滤器

　　轿车发动机一般采用全流式机油滤清器，串联在机油泵与主油道之间，全部机油都经过它来过滤，当滤纸由于杂质过多而失效后，机油会通过旁通阀流入主油道内进行润滑，保证机油的流通，如图 5-2-4 所示。

图 5-2-3　机油滤清器

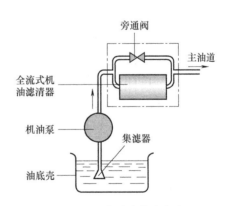

图 5-2-4　全流式滤清方式

三、油底壳

　　油底壳（图 5-2-5）用于贮存机油并封闭曲轴箱，又称为下曲轴箱。油底壳由壳体、放油螺栓、衬垫和挡油板等组成，通常放油螺栓上有永磁铁，以吸附机油中的金属屑，减少发动机的磨损，挡油板用于减轻油面的波动。拆装油底壳时必须要换新的油底壳衬垫，并涂抹密封胶。

四、曲轴箱通风装置

　　发动机工作时，一部分可燃混合气和废气经活塞环泄漏到曲轴箱内。泄漏到曲轴箱内的汽油蒸气凝结后将使机油变稀，同时，废气的高温和废气中的酸性物质及水蒸气将侵蚀零件，并使机油性能变坏。另外，由于混合气和废气进入曲轴箱，使曲轴箱内的压力增大，温度升高，易使机油从油封、衬垫等处向外渗漏。为此，汽车发动机一般都有曲轴箱通风装置，以便及时将进入曲轴箱内的混合气和废气抽出，使新鲜气体进入曲轴箱，不断地形成对流。曲轴箱通风方式一般有两种，一种是自然通风，另一种是强制通风。

1. 自然通风装置

从曲轴箱抽出的气体直接导入大气中的通风方式称为自然通风。柴油机多采用曲轴箱自然通风方式。自然通风装置是在曲轴箱连通的气门室罩或机油加注口接出一根下垂

图 5-2-5　油底壳

的出气管，管口处切成斜口，切口的方向与汽车行驶的方向相反，利用汽车行驶和冷却风扇的气流，在出气口处形成一定真空度，将气体从曲轴箱抽出，如图 5-2-6 所示。

2. 强制通风装置

从曲轴箱抽出的气体导入发动机的进气管，吸入气缸再燃烧，这种通风方式称为强制通风。汽油机一般都采用曲轴箱强制通风方式，这样可以将窜入曲轴箱内的混合气回收使用，有利于提高发动机的经济性，如图 5-2-7 所示。

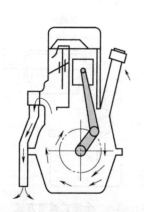

图 5-2-6　自然通风装置图

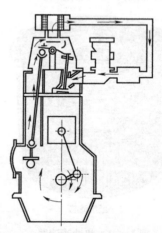

图 5-2-7　强制通风装置图

✖ **【任务实施】**

机油滤清器的检修

一、任务准备

1. 实训设备

雪佛兰科鲁兹 LDE 发动机或发动机台架。

2. 实训工具

苛性钠溶液、风枪等。

3. 实训资料

实训工作页、维修手册、教材。

4. 辅助材料

抹布、白板笔。

二、任务实施

1. 机油集滤器的检修

滤网堵塞，应用柴油或煤油清洗后用压缩空气吹干；浮筒有破损，应进行焊修。

2. 机油滤清器的检修

机油滤清器会发生堵塞、漏油、旁通阀损坏及机件磨损等现象，由于无法目视判断滤清器堵塞程度，所以采用定期更换的方式。通常在更换机油时也同时更换机油滤清器。

3. 曲轴箱通风装置的检修

发动机运转时，气缸内的可燃混合气和废气漏到曲轴箱中，若不排出，会污染机油、腐蚀机件，因此发动机多采用闭式强制曲轴箱通风装置。为保证曲轴通风装置处于正常的技术状态，对曲轴通风装置必须进行定期维护和检查。

4. 发动机机油道的清洗

可用专用容器盛上 10% 的苛性钠溶液，将油管各接头拆除，浸泡在溶液中，加热到 100℃，一般 0.5h 便可清除干净，再用压力油冲洗，最后用压缩空气吹干。

5. 油底壳的清洗

用汽油或清洗剂清洗壳体、挡油板、放油螺栓等，然后用风枪吹净。

⇧【任务小结】

本任务主要介绍了汽车发动机润滑系统主要零部件的结构及机油滤清器、曲轴箱通风装置等主要部件的检修方法。通过任务训练，在提高学生的实践动手操作能力的同时，应更加注重操作规范性的培养。

▦【知识拓展】——机油冷却器

热负荷较大的发动机装有机油冷却器以对机油进行强制性冷却，使机油保持在最有利的温度范围内工作，机油冷却器分为风冷式和水冷式。

1. 风冷式机油冷却器

风冷式机油冷却器芯由许多冷却管和冷却板组成，在汽车行驶时，利用汽车迎面风冷却热机油。风冷式机油冷却器要求周围通风好，在普通轿车上很难保证有足够的通风空间，一般很少采用。在赛车上多采用这种冷却器，因为赛车速度高，冷却风量大。

2. 水冷式机油冷却器

水冷式机油冷却器置于冷却水路中，利用冷却液的温度来控制机油的温度。当机油温度高时，通过冷却液降温；发动机起动时，则从冷却液吸收热量使机油迅速提高温度。机油冷却器由铝合金铸成的壳体、前盖、后盖和铜芯管组成，为了加强冷却，管外又套装了散热片。冷却液在管外流动，机油在管内流动，两者进行热量交换。也有使机油在管外流动，而冷却液在管内流动的结构。

任务 5.3　机油泵的检修

【任务导入】

　　雪佛兰 4S 店来了一批新员工，技术经理委托你对新员工进行入职培训，按照培训计划安排，本次的培训任务为对雪佛兰科鲁兹轿车装配的 LDE 发动机的机油泵进行检修。

【任务目标】

　　1. 能通过查阅相关维修技术资料等方式，获取车辆资讯与信息。
　　2. 掌握机油泵的结构、类型及工作原理。
　　3. 掌握机油泵的检测方法。

【知识准备】

　　机油泵的功用是保证机油在润滑系统内循环流动，并在发动机任何转速下都能以足够高的压力向润滑部位输送足够数量的机油。机油泵主要有齿轮式机油泵和转子式机油泵两种类型。

一、齿轮式机油泵

　　齿轮式机油泵（图 5-3-1）由主动轴、主动齿轮、从动轴、从动齿轮、泵体等组成，两个齿数相同的齿轮相互啮合，装在泵体内，齿轮与泵体的径向和端面间隙很小。主动轴与主动齿轮用键连接，从动齿轮空套在从动轴上。

　　工作时，主动齿轮带动从动齿轮反向旋转。两齿轮旋转时，充满在齿轮齿槽间的机油沿泵体壁由进油腔到出油腔；在进油腔一侧由于齿轮脱开啮合以及机油被不断带出而产生真空，使油底壳内的机油在大气压力作用下经集滤器进入进油腔；而在出油腔一侧由于齿轮进入啮合和机油被不断带入而产生挤压作用，机油以一定压力被泵出。

　　齿轮式机油泵结构简单，机械加工方便，工作可靠，使用寿命长，应用较广泛。

二、转子式机油泵

　　转子式机油泵（图 5-3-2）由泵壳、内转子、外转子及泵盖等组成。内转子用键或销固定在转子轴上，由曲轴齿轮直接或间接驱动，内转子和外转子偏心安装，内转子带动外转子一起沿同一方向转动。

　　无论转子转到任何角度，内、外转子每个齿的齿形轮廓线上总有接触点，内、外转子间便形成四个工作腔。随着转子的转动，这四个工作腔的容积是不断变化的。在进油腔一侧，由于转子脱开啮合，容积逐渐增大，产生真空，机油被吸入；转子继续旋转，机油被带到出油腔一侧，这时转子正好进入啮合，使这一空腔容积减小，油压升高，机油从齿间被挤出并经出油道压送出去。随着转子的不断旋转，机油就不断地被吸入和压出。

　　转子式机油泵结构紧凑，外形尺寸小，重量轻，吸油真空度较大，泵油量大，供油均匀性好，成本低，在中、小型发动机上应用广泛。

图 5-3-1　齿轮式机油泵

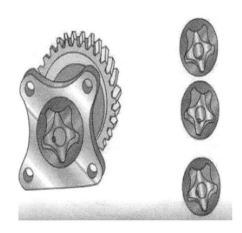

图 5-3-2　转子式机油泵

✖【任务实施】

机油泵的检修

一、任务准备

1. 实训设备

雪佛兰科鲁兹 LDE 发动机或发动机台架。

2. 实训工具

刀口形直尺、塞尺等。

3. 实训资料

实训工作页、维修手册、教材。

4. 辅助材料

抹布、白板笔。

二、任务实施

机油泵的检测

1）按维修手册要求拆卸机油泵。

2）清洗机油泵各部件，并检视其各工作表面有无损伤。

3）将泵壳平放在工作台上，将内、外转子放入泵壳中。

4）用刀口形直尺和塞尺检查内、外转子端面到泵壳上端面的距离，即检测转子端面间隙，如图 5-3-3 所示，间隙允许值为 0.05 ~ 0.15mm。

5）用刀口形直尺和塞尺检测泵盖端面的平面度，如图 5-3-4 所示，平面度误差允许值不大于 0.05mm。

6）用塞尺检查外转子与泵体之间的间隙，如图 5-3-5 所示，间隙允许值为 0.05 ~ 0.15mm。应在内、外转子紧密啮合的方向进行测量，每转 120°检测一次。

7）用塞尺测量转子的啮合间隙，如图 5-3-6 所示，间隙允许值为 0.05 ~ 0.20mm。应在内、外转子凸齿啮合处进行测量，每转 120°检测一次。

图5-3-3 转子端面间隙的检测

图5-3-4 泵盖平面度的检测

图5-3-5 外转子与泵体间隙的检测

图5-3-6 转子啮合间隙的检测

☞【任务小结】

本任务主要介绍了汽车发动机机油泵的结构与类型及检测方法。通过任务训练，学生可以独立完成对机油泵的检测。

☷【知识拓展】——机油消耗异常的原因

一、齿轮式机油泵的检查

1. 目测法

观察主、从动齿轮及泵盖、泵体等配合表面有无明显的磨损痕迹，泵盖是否翘曲，泵体有无裂纹等。

2. 测量法

1）测量齿轮啮合间隙，如图 5-3-7 所示。检查时，将机油泵盖拆下，用塞尺在互成 120°的三个位置测量机油泵主、从动齿轮的啮合间隙，其标准值为 0.05mm，最大磨损量不得超过 0.20mm。

2）测量机油泵轴向间隙，如图 5-3-8 所示。将刀口形直尺垂直于泵体及齿轮平面，用塞尺插入缝隙间，该间隙即为机油泵的轴向间隙，标准间隙为 0.05mm，使用极限为 0.15mm，超过磨损极限时应予以修理或更换。

 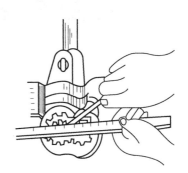

图 5-3-7　主、从动齿轮啮合间隙的检测　　　图 5-3-8　机油泵轴向间隙的检测

二、机油消耗异常

机油消耗过多的主要原因有两个方面：一是漏机油；二是烧机油。如果机油消耗量明显增加，外部检查也无漏油，说明是由于气缸与活塞配合间隙太大、活塞环密封性能降低等原因造成气缸窜油严重。如果必要，可结合汽车行驶里程、排气烟色和火花塞油污情况等进行确诊。

1）首先检查外部是否有漏油处，应特别注意曲轴前端和后端的漏油。曲轴前端油封破裂损坏、老化或曲轴带轮与油封接触面磨损，会引起曲轴前端漏油；曲轴后端油封破裂损伤或后主轴承盖的回油孔过小，回油受阻，会引起曲轴后端漏油。另外还应该注意凸轮轴后端油堵是否漏油。

2）若机油滤清器和一些管路接头处经过紧固后还是漏油，应注意机油压力是否过高，应检查限压阀是否失去泄油限压的功能。

3）若排气管明显冒蓝烟，则是烧机油造成的。当发动机大负荷、高速运转时，排气管大量冒蓝烟，则为活塞环、活塞与气缸壁间隙过大，或活塞环间隙过大等使机油窜入燃烧室。

4）有些汽车的机油冷却器管装在水套内或水泵的进水管内，机油主要靠冷却液来冷却，若发现散热器内有机油，其原因多为散热器芯损坏。

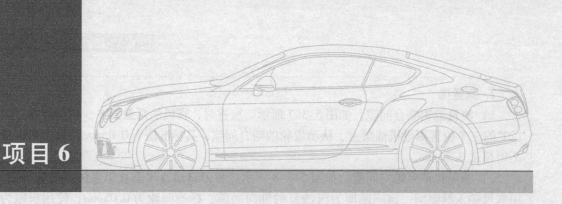

项目 6

冷却系统的检测与维修

📖【项目导读】

描述	本项目介绍了发动机冷却系统的组成和工作原理，冷却系统各部件的结构，以及冷却强度调节过程。通过学习要求学生掌握冷却系统的结构、组成及工作原理；掌握冷却风扇、散热器、水泵、节温器的检查、维修、调整方法及冷却液的更换方法。
任务	任务6.1　冷却风扇、散热器的检修 任务6.2　水泵、节温器的检修 任务6.3　冷却液的更换

任务 6.1　冷却风扇、散热器的检修

【任务导入】

雪佛兰 4S 店来了一批新员工，技术经理委托你对新员工进行入职培训，按照培训计划安排，本次的培训任务为对雪佛兰科鲁兹轿车装配的 LDE 发动机的冷却风扇、散热器进行检修。

【任务目标】

1. 能通过查阅相关维修技术资料等方式，获取车辆资讯与信息。
2. 掌握汽车发动机冷却系统中主要零部件的结构。
3. 掌握冷却风扇、散热器的检修方法。

【知识准备】

一、冷却系统概述

1. 冷却系统的功用

冷却系统的功用是使发动机尽快达到正常的工作温度，并使发动机在所有工况下始终处于最佳的工作温度范围内。

发动机过热会造成：充气效率降低，导致发动机功率下降；早燃和爆燃的倾向加大，破坏发动机的正常工作，同时也会使零件承受额外的冲击载荷而造成早期损坏；运动件间的正常间隙被破坏，使零件不能正常运动，甚至损坏；润滑情况恶化，加剧零件的摩擦和磨损。

发动机过冷会造成：进入气缸的可燃混合气（或空气）温度太低，使点燃困难或燃烧迟缓，造成发动机功率下降以及燃料消耗量增加；机油的黏度增大，造成润滑不良，加剧零件的磨损，同时增大功率消耗；因温度过低，未汽化的燃料对摩擦表面上油膜的冲刷以及对机油的稀释加重零件的磨损。

2. 冷却系统的类型和组成

冷却系统按照冷却介质的不同可以分为风冷式和水冷式。

（1）风冷式冷却系统　风冷式冷却系统以空气为冷却介质，由风扇、导流罩、散热片、分流板等组成，如图 6-1-1 所示。

（2）水冷式冷却系统　水冷式冷却系统以冷却液为冷却介质，由散热器、水泵、风扇、冷却水套和节温器等组成，如图 6-1-2 所示。

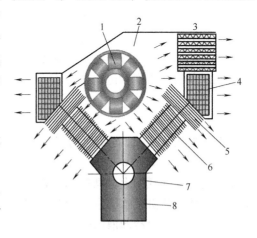

图 6-1-1　风冷系统

1—冷却风扇　2—风室　3—液力传动油冷却器
4—机油冷却器　5—气缸盖
6—气缸体　7—曲轴箱　8—油底壳

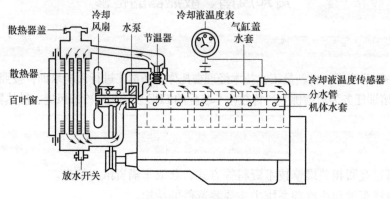

图 6-1-2　水冷系统

3. 膨胀水箱

膨胀水箱把冷却系统变成永久性封闭系统，对散热器内的冷却液起到自动补偿作用，减少了冷却液的损失；能避免因空气不断进入而引起机件的氧化腐蚀；使冷却系统中的水、气分离，保持系统内压力稳定，提高了水泵的泵水量。

膨胀水箱用透明塑料制成，位置稍高于散热器。膨胀水箱的上部用一个较细的软管与散热器的进水管相连，底部通过水管与水泵的进水侧相连接，如图6-1-3 所示。

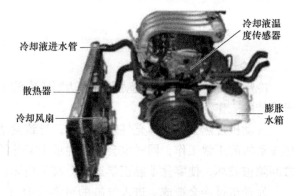

图 6-1-3　膨胀水箱

当冷却液受热膨胀后，散热器内多余的冷却液流入膨胀水箱，温度降低后散热器内产生一定的真空度，膨胀水箱中的冷却液又被吸回散热器内，使散热器始终被冷却液充满。补充冷却液时可从膨胀水箱口加入，液面以保持在两条液面高度标记线（"MIN"和"MAX"）之间为宜。

二、散热器

散热器俗称水箱，它由上水室、下水室、散热器芯等组成，如图 6-1-4 所示。散热器安装在发动机前的车架横梁上。其作用是将冷却液在发动机气缸体和气缸盖水套中所吸收的热量散发至外界大气中，加速冷却液的冷却。

1. 散热器芯

散热器芯由许多冷却管和散热片组成，采用散热片是为了增加散热器芯的散热面积。散热器芯的结构形式多样，常用的有管片式和管带式两

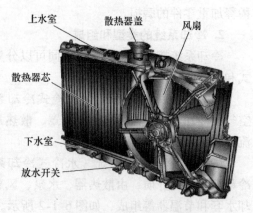

图 6-1-4　散热器的结构

种，如图 6-1-5 所示。

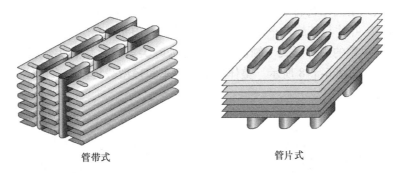

管带式　　　　　　　　　　　　管片式

图 6-1-5　散热器芯

（1）管带式　若干扁平冷却管与散热带相间排列，在散热带上常开有形似百叶窗的孔，以破坏气流在散热器表面上的附面层，提高散热能力。

（2）管片式　由若干扁形或圆形冷却管和散热片组成。空气吹过扁形冷却管和散热片，使管内流动的冷却液得到冷却。管片式散热器因结构刚度较好广为汽车发动机所使用。

2. 散热器盖

散热器盖内装有压力阀、真空阀和溢流管，如图 6-1-6 所示。

散热器盖对冷却系统起密封加压的作用。发动机热态正常时，两阀门关闭，将冷却系统与大气隔开。因水蒸气的产生使冷却系统内的压力稍高于大气压力，提高了冷却液的沸点，改善了冷却效能。当散热器内部压力达到 126～137kPa 时，压力阀开启而使水蒸气从通气孔排出，如图 6-1-6 所示；当冷却液温度下降，冷却系统内部的真空度低于 10～20kPa 时，真空阀打开，空气从通气孔进入冷却系统，以防散热器被大气压瘪，如图 6-1-7 所示。

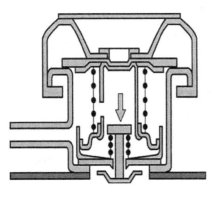

图 6-1-6　压力阀开

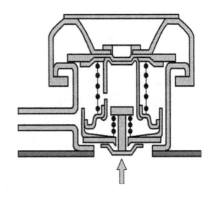

图 6-1-7　真空阀开

3. 风扇

（1）功用　风扇通常安装在散热器后面并与水泵同轴，它用来提高流经散热器的空气流速和风量，增强散热器的散热能力，同时对发动机其他附件也具有一定的冷却作用。

（2）类型　汽车发动机的风扇有轴流式和离心式两种。轴流式风扇所产生的风的流向与风扇轴平行；离心式风扇所产生的风的流向为径向。轴流式风扇效率高、风量大、结构简单、布置方便，因而在汽车发动机上得到了广泛的应用。

（3）轴流式风扇的结构特点　叶片多用薄钢板压制而成，叶片数目为4～6片，叶片间夹角一般不相等，叶片与其旋转平面成30°～45°的安装斜角。

（4）轴流式风扇的三种形式　轴流式风扇分为叶尖前弯风扇、尖窄根宽风扇和尼龙压铸整体风扇三种，如图6-1-8所示。整体风扇在轿车和轻型载货汽车应用较多，近年来轿车还采用了电动风扇。

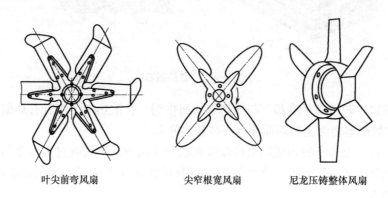

| 叶尖前弯风扇 | 尖窄根宽风扇 | 尼龙压铸整体风扇 |

图6-1-8　轴流式风扇的三种形式

（5）风扇的驱动　机械风扇由曲轴带轮通过V带驱动。为调节V带的张紧度，通常将发电机的支架做成可调节的，如图6-1-9所示。

4. 风扇离合器和温控开关

（1）风扇离合器　风扇离合器主要有硅油式和电磁式等。发动机冷起动或小负荷下工作时，离合器处于分离状态，使风扇随同壳体在主动轴上空转。当发动机气流温度超过338K（65℃）时，风扇离合器处于接合状态，风扇转速迅速提高。当发动机气流温度低于308K（35℃）时，风扇离合器又回到分离状态。

（2）风扇温控开关　在冷却液温度升高时，风扇温控开关内部的温控介质膨胀而使风扇高速运转，加速发动机的冷却；相反，在冷却液温度降低时，其内部的温控介质收缩而使风扇低速运转或停转，实现对电动风扇的控制。

（3）百叶窗　百叶窗通过调节流经散热器的空气量来调节冷却系统的冷却强度，使发动机在适宜的温度下工作。

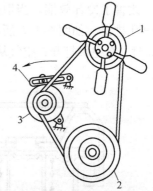

图6-1-9　风扇驱动装置
1—风扇带轮　2—曲轴带轮
3—发电机　4—移动支架

5. 电动风扇

一些轿车由于发动机横置或后置，多采用电动风扇。电动机的开关由散热器的冷却液温度开关控制，有高、低速两个档位，低速档在沸点内使用，高速档在沸点外使用，需要冷却时自动起作用。这样，在一般行驶条件下，电动风扇几乎不转，功率消耗减少，油耗降低；而在低速大负荷时又能得到充分的冷却。电动风扇如图6-1-10所示。

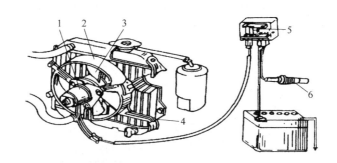

图 6-1-10 电动风扇

1—电动机 2—护风罩 3—风扇 4—水泵 5—继电器 6—温度传感器（开关）

冷却风扇、散热器的检修

✖ 【任务实施】

一、任务准备

1. 实训设备

雪佛兰科鲁兹 LDE 发动机或发动机台架。

2. 实训工具

发动机拆装专用工具、冷却系统压力测试器等。

3. 实训资料

实训工作页、维修手册、教材。

4. 辅助材料

抹布、白板笔。

二、任务实施

1. 散热器的拆卸

1）断开蓄电池负极导线。

2）待发动机冷却，排放出冷却液。

3）从散热器上拆下上部管路和膨胀水箱的管路。

4）拆下冷却风扇。

5）举升车身并牢固地支撑住。

6）拆下固定支架，抬出散热器。

2. 散热器的常见损伤

散热器常见的损伤有散热器积聚水垢、铁锈等杂质，形成管道淤塞，阻碍冷却液的流动；芯部冷却管与上、下水室焊接部位松脱漏液或冷却管破裂漏液；上、下水室出现腐蚀斑点、小孔或裂缝；因外伤损坏而漏液。

3. 对散热器渗漏和淤塞的检查

（1）用压缩空气法检查散热器 用压缩空气法检查清除水垢后的散热器的密封性，如图 6-1-11 所示，将散热器的进水管用膨胀式橡胶塞堵住，然后将散热器放入清水池内，再向散热器注入压缩空气，如散热器冒出气泡的部位较多，则说明其已严重腐蚀；如冒出气泡的部位不多，应对冒泡部位做好记号，以便修复。

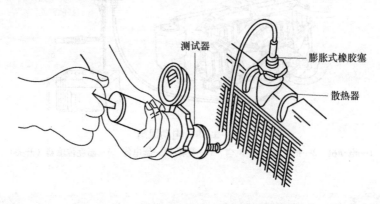

测试器

膨胀式橡胶塞

散热器

图 6-1-11　压缩空气法检查散热器的密封性

（2）散热器水容量检查　检查散热器中冷却液的容量，可以分析水管是否淤塞或堵住。

4. 散热器的修复

散热器的渗漏部位大多出现在冷却管与上、下水室间的接触部位。

上、下水室腐蚀不严重，只是少数小孔或腐蚀斑点时，可用镀锡法修理。其方法是将水室浸于稀盐酸内以清除水垢，取出后用钢丝刷在清水中清除残留水垢，并用毛刷在内、外表面涂以氯化锌铵溶液，再放入焊锡锅内，从内、外表面将砂眼焊住。

当上、下水室有洞孔或裂缝时，可用补板封补方法来修理。在裂缝两端终点打两个小孔，用厚 0.8mm 的铜片按裂缝长度加 10 ~ 20mm 剪下补板，将补板盖在裂缝上，涂以氯化锌铵溶液或氯化锌溶液，然后在四周用焊锡焊牢。

5. 散热器芯底板的检修

散热器芯底板与冷却管焊缝脱离而发生漏液现象或散热器芯底板有砂眼、裂缝情况时，可按下列工艺修理。

用喷灯或烙铁熔化冷却管与底板连接处的焊锡，卸下损坏的底板，浸入稀盐酸内，加热至 40℃，几分钟后取出，用清水冲洗，用钢丝刷清除残存污垢。在底板上涂以氯化锌铵溶液，注意不要进入冷却管内。用焊锡或浸入熔化的焊锡内，使底板焊接于冷却管上。焊锡温度为 360 ~ 400℃，浸入深度约 10mm，镀锡时间约为 30s，散热器芯底板焊接完成后，应抖掉多余的焊锡。

6. 风扇的检修

风扇拆卸后，检查风扇传动带有无老化、破裂，若有应予以更换，如图 6-1-12 所示。检查风扇叶片表面，如图 6-1-13 所示，若有裂纹或折断，应及时更换。连接风扇叶片的铆钉，如有松动，应予以重铆。风扇叶片与旋转平面有 30°~ 45°的倾斜角度，每片倾斜度应相等；可用样板来检查其是否符合规定，若不符合则会影响扇风量，而且摇摆晃动，产生噪声。若叶片角度变形，可在压模内扳正或用锤子敲正。

对装有风扇离合器的风扇，应检查风扇离合器的松旷和损伤情况，以及有无硅油渗漏。将分解后的零件逐一检查，如有裂纹、破损或严重磨损，应予以更换。

图 6-1-12　检查风扇传动带

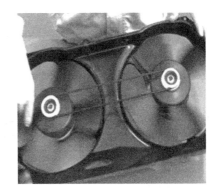
图 6-1-13　检查风扇叶片

⤷【任务小结】

本任务主要介绍了发动机冷却系统的组成、冷却系统中主要零部件的结构及冷却风扇、散热器的检修方法。通过任务训练，学生可以独立使用专用工具、量具对发动机冷却风扇、散热器进行检修。这些检修方法在维修实践中应用广泛，为培养合格的实用型人才，在强调技能培养的同时，应当更注重操作的规范性。

☷【知识拓展】——涡轮增压发动机的中冷器

中冷器是涡轮增压发动机的必备部件，起到冷却空气的作用，高温空气经过中冷器的冷却，再经进气歧管进入发动机，如图 6-1-14 所示。

发动机排出的废气温度非常高，通过增压器的热传导会提高进气的温度，并且空气在被压缩的过程中密度会升高，这也导致了进气温度的升高，从而影响发动机的充气效率，使增压原本的优势消失殆尽。如果想要进一步提高充气效率，就要降低进气温度。

另外，如果未经冷却的增压空气进入燃烧室，除了会影响发动机的充气效率，还很容易导致发动机燃烧温度过高，造成爆燃等故障。为了解决增压后的空气升温造成的不利影响，必须加入中冷器来配合增压系统工作。

图 6-1-14　中冷器

任务 6.2 水泵、节温器的检修

【任务导入】

雪佛兰 4S 店来了一批新员工，技术经理委托你对新员工进行入职培训，按照培训计划安排，本次的培训任务为对雪佛兰科鲁兹轿车装配的 LDE 发动机的水泵、节温器进行检修。

【任务目标】

1. 能通过查阅相关维修技术资料等方式，获取车辆资讯与信息。
2. 掌握汽车发动机水泵、节温器等零件的结构。
3. 掌握水泵、节温器的检修方法。

【知识准备】

一、冷却强度调节目的

强制式水冷系统的冷却强度一般受汽车的行驶速度，曲轴、水泵和风扇的转速及外界气温的影响。当使用条件变化时，如外界气温高，发动机在低速大负荷情况下工作，要求冷却强度要强，否则发动机易于过热；而当外界气温低，发动机负荷又不大时，其冷却强度应弱些，不然就会使发动机过冷。因此，要保证发动机在最佳的温度下工作，不出现过热、过冷现象，就必须能根据使用条件的变化自动调节发动机冷却强度。

冷却强度的调整方法有两种，一是改变流经散热器的空气流量和流速；二是改变冷却液的流量和循环路线。

二、水泵

1. 水泵的功用

水泵主要是对冷却液加压，保证其在冷却系统中循环流动。

2. 水泵的基本构造

汽车上广泛使用离心式水泵，它具有结构紧凑、泵水量大及因故障而停止工作时，不妨碍冷却液在冷却系统内部自然循环等优点。离心式水泵由水泵壳体、水泵轴、叶轮及进、出水管等组成，如图 6-2-1 所示。

3. 离心式水泵的工作原理

当叶轮旋转时，水泵中的冷却液被叶轮带动一起旋转，在离心力作用下，冷却液被甩向叶轮边缘，然后经壳体上与叶轮成切线方向的出水管压送到发动机水套内，如图 6-2-2 所示。与此同时，叶轮中心处的压力降低，散热器中的冷却液便经进水管被吸进叶轮中心部分。

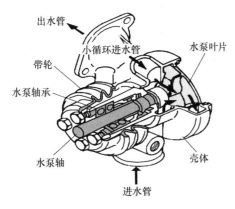

图 6-2-1　离心式水泵的组成

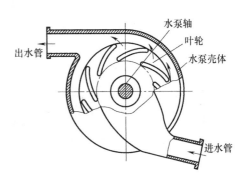

图 6-2-2　离心式水泵的工作原理

三、节温器

1. 节温器的作用

节温器装在冷却液循环通路中，根据发动机负荷大小和冷却液温度的高低自动改变冷却液的循环流动路线，以调节冷却系统的冷却强度。节温器有蜡式和乙醚皱纹筒式两种，目前多数发动机采用蜡式节温器。

2. 蜡式节温器的结构

蜡式节温器由上支架、下支架、主阀门、副阀门、感应体、中心杆、胶管和弹簧等组成，如图 6-2-3 所示。

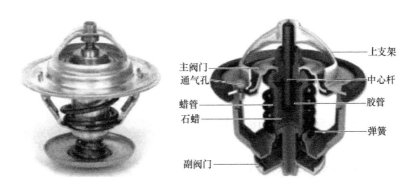

图 6-2-3　蜡式节温器的结构

3. 蜡式节温器的工作原理

发动机冷起动时，节温器关闭通往散热器的通道，使发动机在冷起动后快速升温。其中心杆的一端固定在支架的中心处，另一端插入胶管的中心孔中。胶管与节温器外壳之间的腔体内装有精制石蜡。常温下石蜡呈固态，弹簧将主阀门推向上方，使之压在阀座上，冷却液流向散热器的通道关闭。来自发动机气缸盖出水口的冷却液经水泵又流回气缸体水套中，进行小循环。

当发动机冷却液温度升高时，石蜡逐渐变成液态，体积膨胀，迫使胶管收缩，对中心杆锥状端头产生上举力。上端固定不动的中心杆对胶管、节温器外壳产生向下的反推力。当发动机冷却液温度为76℃时，中心杆对节温器外壳的反推力可以克服弹簧预压力，主阀门开始打开。冷却液温度超过86℃时，主阀门全开，副阀门正好完全关闭了小循环通路，这时来自气缸盖出水口的冷却液沿出水管全部进入散热器冷却，进行大循环，如图6-2-4所示。

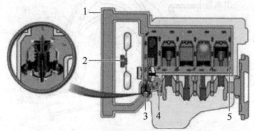

冷却液温度较低,进行小循环

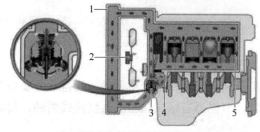

冷却液温度升高,既进行小循环,又进行大循环

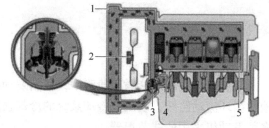

冷却液温度较高,进行大循环

图6-2-4　冷却系统大小循环示意图

1—散热器　2—冷却风扇　3—节温器　4—水泵　5—水套

✖【任务实施】

一、任务准备

1. 实训设备

雪佛兰科鲁兹LDE发动机或发动机台架。

2. 实训工具

温度计、发动机冷却系统拆装专用工具等。

3. 实训资料

实训工作页、维修手册、教材。

4. 辅助材料

抹布、白板笔。

水泵、节温器
的检修

二、任务实施

1. 水泵的检修

水泵的常见损伤：水泵壳体裂纹，叶轮松脱或损坏，水泵轴磨损或变形，水封损坏和轴承磨损等。

（1）水泵壳体及水封的检修　先检查水泵壳体和带轮有无损伤。如果壳体有裂纹，可进行焊接或更换。壳体与盖接合面的变形如果大于 0.05mm，应予以修平。轴承座孔由于压入、压出轴承磨损而不能使用时，可用镶套的方法修复或更换。

如果水泵泄水孔漏水，则为水封密封不严。如果胶质水封磨损或变形，应予以更换。

（2）水泵轴的检修　水泵轴的检修如图 6-2-5 所示。检查水泵轴是否有弯曲变形和轴颈磨损，轴端螺纹是否有损坏。如果水泵轴弯曲度大于 0.05mm，应进行冷压校正；轴颈磨损严重，应予以更换。

（3）水泵叶轮的检修　水泵叶轮的检修如图 6-2-6 所示。检查水泵叶轮的叶片是否有破损，叶轮上的轴孔与轴的配合是否出现松旷。如叶片破损，应予以焊修或更换。

图 6-2-5　水泵轴的检修

图 6-2-6　水泵叶轮的检修

2. 节温器的检测

1）常温下节温器主阀门应严密关闭，否则应更换。

2）将节温器置于水中加热，用温度计检测水温，当水温达到 90℃时，阀门开始开启，水温达到 105℃时，阀门全开达到最大升程，如图 6-2-7 所示。与维修手册中的数据进行比较，其中有一项不符合规定值，则应更换节温器。

3）蜡式节温器安全寿命一般为 50 000km，因其安全寿命较短，而且失效后无法修复，因此要求按照其安全寿命定期更换。

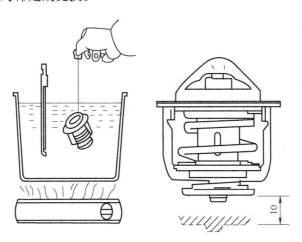
图 6-2-7　节温器的检测

⤴ **【任务小结】**

本任务主要介绍了发动机冷却系统中水泵、节温器的结构及工作原理及其检修方法。水泵、节温器的检修方法在维修实践中应用广泛，需要同学们认真领会。

📠 **【知识拓展】** ——发动机热管理系统

发动机热管理系统的控制对象包括水泵转速、电控节温器阀门开度以及冷却风扇转速等。可以根据汽车发动机实际工作和试验情况，依据系统优化原则来制订智能化电控热管理系统控制策略，使发动机在不同工况下均工作在最佳温度范围。

发动机热管理系统使发动机在工作的时候保持最佳的冷却液温度 90℃。研究人员发现，只有在最佳温度下工作，发动机才能最省油。热管理系统主要由两个系统组成：第一个是冷却智能控制系统，第二个是风扇智能控制系统。

冷却智能控制系统的主要功能是维持发动机的最佳工作温度，通过精确控制发动机冷却液的温度，使发动机不过冷也不过热，始终保持在 90℃ 左右的合理范围内，实现发动机的最佳工作状态，发挥最大的能量与经济效益。

此外还要精确地控制散热，此功能可通过风扇智能控制系统实现。在发动机散热过程中，风扇智能控制系统可以根据发动机的温度合理控制风扇转速，使风扇在合适的温度下运转，并且在不需要的时候停止运转，由此保证发动机的最佳温度状态，降低能耗。

任务 6.3　冷却液的更换

📋 **【任务导入】**

雪佛兰 4S 店来了一批新员工，技术经理委托你对新员工进行入职培训，按照培训计划安排，本次的培训任务为对雪佛兰科鲁兹轿车装配的 LDE 发动机的冷却液进行更换。

📋 **【任务目标】**

1. 能通过查阅相关维修技术资料等方式，获取车辆资讯与信息。
2. 掌握汽车发动机冷却液的种类、使用条件及使用方法。
3. 掌握冷却液的更换方法。

📠 **【知识准备】**

一、汽车冷却液的定义

冷却液是冷却系统的冷却介质。冷却液主要由防冻剂、缓蚀剂、消泡剂、着色剂、防霉剂、缓冲剂等组成。

二、冷却液的种类

冷却液一般分为乙醇型、二甘醇型、乙二醇型三种。

1. 乙醇型冷却液

乙醇型冷却液由乙醇与软水按不同比例混合而成。虽然乙醇型冷却液抗冻能力较好，但其沸点低，而且蒸发快、损耗大、易燃烧，已不能满足现代汽车发动机对冷却液的性能要求，目前已被淘汰。

2. 二甘醇型冷却液

二甘醇型冷却液不易挥发和着火，对金属腐蚀性也较小，但二甘醇降低冰点的效果比乙二醇低，配制同一冰点的冷却液时，比乙二醇的用量大，同时热传导效率下降。有不少厂家为了降低成本，会将乙二醇和二甘醇混用。

3. 乙二醇型冷却液

乙二醇型冷却液由乙二醇与软水按不同比例混合而成。当乙二醇的含量为68%时，冰点降低到 -68℃，超过这个限量时，冰点反而要上升。其优点是溶液不易挥发、使用安全可靠。其缺点是当乙二醇的浓度过低时，其对机件的腐蚀性就会增加。因而乙二醇型冷却液一般都会添加一定比例的防锈剂，以起到防锈除垢的作用。目前使用较多的长效冷却液多属于这类冷却液。

三、汽车对冷却液的要求

1. 较低的冰点

确保在低温环境下冷却液不结冰，以免冻裂散热器及冷却系统管路。

2. 较高的沸点

为提高汽车发动机热效率，现代汽车发动机的工作温度已接近或超过100℃，为有效地防止发动机的"开锅"现象，冷却液应具有较高的沸点。

3. 良好的热传导性

冷却液主要用作冷却发动机部件，以免发动机过热，因此比热容要大，热传导性要好。

4. 无腐蚀性

发动机冷却系统的材料有铸铁、铸铝、纯铜、黄铜、钢和焊锡等，要求冷却液不会对这些金属产生腐蚀和锈蚀。

四、更换冷却液的注意事项

1. 尽量使用同一品牌的冷却液

不同品牌冷却液的生产配方会有所差异，如果混合使用，多种添加剂之间很可能会发生化学反应，造成添加剂失效。

2. 冷却液的有效期

冷却液的有效期多为两年（个别产品会长一些），添加时应确认该产品在有效期之内。

3. 必须定期更换

一般每两年或每行驶4万km更换一次，出租车应该更换得勤一些。更换时应放净旧液，将冷却系统清洗干净后，再换上新液。

4. 避免兑水使用

传统的无机型冷却液不可以兑水使用，那样会生成沉淀，严重影响冷却液的正常功能。有机型冷却液则可以兑水使用，但水不能兑得太多。

✖【任务实施】

冷却液的更换

一、任务准备

1. 实训设备

雪佛兰科鲁兹 LDE 发动机或发动机台架。

2. 实训工具

冷却液，冷却系统拆装专用工具等。

3. 实训资料

实训工作页、维修手册、教材。

4. 辅助材料

抹布、白板笔。

二、任务实施

冷却液的排放与加注

1）拧开膨胀水箱盖。

注意：在有压力的冷却系统中，散热器内的冷却液比大气压力下冷却液的沸点高很多。当冷却系统未冷却且处于高压状态时，拆下膨胀水箱盖或散热器盖将导致冷却液瞬间沸腾，可能使冷却液喷射到操作人员身上，造成严重的人身伤害。

2）打开散热器上的放水开关，如图 6-3-1 所示，以排放冷却液。

3）待冷却液放尽后拧上散热器上的放水开关。

4）从散热器加水口加注冷却液，使冷却液充满散热器，拧紧散热器盖。

5）向膨胀水箱加注冷却液，直至冷却液液面高度达到"MAX"线时停止，拧紧膨胀水箱盖。

6）起动发动机，至散热器风扇开始运转。这时由于冷却系统排除了部分空气，冷却液液面将降低。应再补充冷却液，使其达到"MAX"线为止。

图 6-3-1　散热器上的放水开关

☞【任务小结】

本任务主要介绍了汽车发动机冷却液的种类、使用条件及更换方法。冷却液的更换在维修实践中应用广泛，通过实训，在提高学生的实践动手操作能力同时，应更加注重操作的规范性。

【知识拓展】——无水冷却液

　　无水冷却液也叫无水冷却油、汽车冷却油，是一种新型的汽车消费产品，是汽车史上的"革命"。无水冷却液彻底消除了发动机易产生腐蚀、水垢、气蚀、"开锅"现象等冷却系统问题，使发动机的使用寿命延长。

　　无水冷却液主要成分为丙二醇，对人体无害，属环保产品。

　　无水冷却液的沸点较高，有很大的热安全空间，使用该产品后，冷却液温度高达 110～138℃时，发动机仍然无任何变化，能保持良好的运转状态，动力充足，噪声变化不大，不会产生"开锅"、拉缸、熄火现象；使用无水冷却液的冷却系统处于无压力状态，能随时打开散热器盖，各水管不容易热胀冷缩，能有效地延长冷却系统及发动机的使用寿命；无腐蚀，无水垢生成，无须清洁、修补散热器，大大减少了故障及维修。

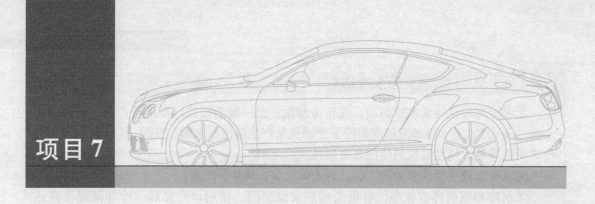

项目 7

发动机总装与验收

发动机装配工艺规程

📋 【任务导入】

　　雪佛兰 4S 店来了一批新员工，技术经理委托你对新员工进行入职培训，按照培训计划安排，本次的培训任务为根据雪佛兰科鲁兹轿车的发动机维修手册完成发动机的装配。

📋 【任务目标】

　　1. 能通过查阅相关维修技术资料等方式，获取车辆资讯与信息。
　　2. 掌握汽车发动机装配工艺规程。
　　3. 能够根据相关技术规定，制订发动机总装方案。

📑 【知识准备】

　　发动机的装配是把更换的零件、修理合格的零件和其他辅助零件、组合件、总成，按照工艺和技术条件的要求进行组装。发动机总装的技术要求如下：

　　1）复验零部件、组合件、总成，性能试验应合格。

　　2）易损零件、紧固锁止件应全部进行更换，如自锁螺母、弹簧垫片和密封垫等。

　　3）零件、机油道应保持清洁。

　　4）做好预润滑。机油必须清洁，品质应符合发动机要求。

　　5）不允许互换零件，应严格按装配标记进行装配。零件的配重位置正确，固定可靠。

　　6）尽量使用专用工具进行装配，按规定拧紧力矩、紧固方法和顺序紧固螺栓，拧入螺栓时应用机油润滑。

　　为防止螺栓松动，紧固螺栓时必须有一定的预紧力，一些重要的螺栓采用的是塑性区域紧固法。在螺栓的塑性区域，虽然螺栓转角变化较大，但力矩基本保持不变，如图 7-1-1 所示。有些气缸螺栓、连杆螺栓就是用塑性区域紧固法分三步拧紧的，步骤如下。

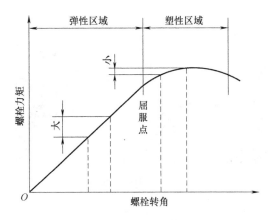

图 7-1-1　螺栓的塑性区域

　　① 用专用工具将所有螺栓按规定顺序、规定拧紧力矩紧固后，在所有螺栓头前端涂上记号。

　　② 将拧紧的螺栓按规定顺序拧紧 90°。

　　③ 将所有螺栓按顺序再拧紧 90°，螺栓头上的记号应位于后端。

　　此类螺栓如果破裂或变形，应立即更换。采用塑性区域紧固法的螺栓，拆下后应更换。

7）装配间隙必须符合技术要求，如活塞的配缸间隙，曲轴主轴承、连杆轴承等主要间隙。对于易变形的零件，配合间隙应该调整到公差下限，无变形的调整到公差上限。

8）电控系统各插头、线柱要清洁，接触可靠。

发动机装配
工艺规程

✖【任务实施】

一、任务准备

1. 实训设备

拆解的科鲁兹 LDE 发动机。

2. 实训工具

发动机拆装常用工具和专用工具等。

3. 实训资料

实训工作页、维修手册、教材。

4. 辅助材料

抹布、白板笔。

二、任务实施

1. 活塞环的安装

1）用活塞环装卸钳按次序安装活塞环，使标记"TOP"朝上，如图 7-1-2 所示。

2）调整活塞环开口方向。

2. 曲轴、活塞、连杆、轴承的安装

1）安装曲轴轴承座，用机油润滑轴承座，如图 7-1-3 所示。

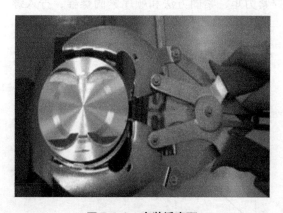

图 7-1-2　安装活塞环

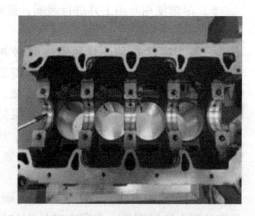

图 7-1-3　安装曲轴轴承座

2）安装曲轴，如图 7-1-4 所示。

3）安装曲轴轴承盖，如图 7-1-5 所示。

4）安装新的曲轴轴承盖螺栓，分三遍拧紧曲轴轴承盖的螺栓：第一遍紧固至 50N·m，第二遍紧固 45°，第三遍紧固 15°。

5）用清洁的发动机机油润滑连杆、活塞、气缸壁，用活塞环压缩器压缩活塞环，如

图7-1-6所示。用锤柄轻轻敲打将活塞和连杆总成装入气缸，并安装连杆轴承盖，如图7-1-7所示。

图7-1-4 安装曲轴

图7-1-5 安装曲轴轴承盖

图7-1-6 压缩活塞环

图7-1-7 安装连杆轴承盖

6）安装新的连杆轴承盖螺栓，分三遍拧紧：第一遍紧固至35N·m，第二遍紧固45°，第三遍紧固15°，如图7-1-8所示。

3. 安装曲轴后油封

1）将硅酮密封胶涂在油封座与油底壳的接触面上，并在新油封边缘涂上干净的机油。

2）使用专用工具安装后油封。

4. 飞轮的安装

1）清洁飞轮螺栓。

2）用专用工具固定曲轴，如图7-1-9所示。

图7-1-8 按标准力矩和角度拧紧连杆轴承盖螺栓

3）安装飞轮，分两步紧固螺栓，如图7-1-10所示，第一遍将螺栓紧固至60N·m，第二遍将螺栓紧固5°。

图 7-1-9　固定曲轴

图 7-1-10　紧固飞轮螺栓

5. 安装曲轴前油封

1）清洁密封面，并安装保护衬套。

2）安装曲轴前油封。

6. 发动机前盖和机油泵的安装

1）安装发动机前盖衬垫。

2）安装带机油泵的发动机前盖，如图 7-1-11 所示。

3）将发动机前盖螺栓紧固至 20N·m。

7. 油底壳的安装

1）清洁密封面。

2）把硅酮密封胶以连续滴状涂在油底壳法兰面上。

3）安装油底壳，如图 7-1-12 所示。

4）安装 15 个油底壳螺栓，将油底壳螺栓紧固至 10N·m。

图 7-1-11　安装发动机前盖和机油泵

图 7-1-12　油底壳的安装

8. 气门、挺柱的安装

1）将气门弹簧座安装到气缸盖上。

2）在新油封上涂抹一薄层发动机机油，安装气门油封。

3）在气门的顶部涂抹足量发动机机油，将气门、气门弹簧安装到气缸盖上。

4）用弓形气门拆装钳和木块压缩弹簧并安装气门锁片，如图 7-1-13 所示。

5）用塑料锤轻敲气门杆顶部以确保安装到位。

6）用机油润滑挺柱，按标记将挺柱安装到原始位置，确保挺柱在气缸盖中能自由转动。

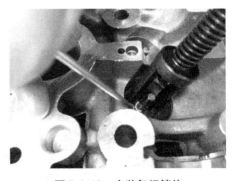

图 7-1-13　安装气门锁片

9. 安装气缸盖

1）检查、清洁密封面。

2）安装新的气缸垫、气缸盖和气缸盖紧固螺栓，如图 7-1-14 所示。

3）按照图 7-1-15 所示顺序，将螺栓紧固五遍：第一遍紧固至 25N·m，第二遍紧固 90°，第三遍紧固 90°，第四遍紧固 90°，最后一遍紧固 45°。

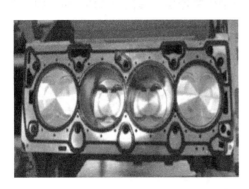

图 7-1-14　安装气缸盖

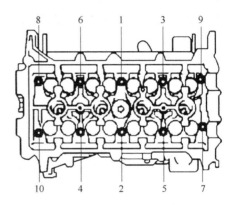

图 7-1-15　紧固气缸盖螺栓顺序

10. 凸轮轴的安装

1）安装进气凸轮轴。安装 4 个进气凸轮轴轴承盖。安装 8 个进气凸轮轴轴承盖螺栓，并从内到外螺旋式紧固至 8N·m，如图 7-1-16 所示。

2）安装排气凸轮轴。安装 4 个排气凸轮轴轴承盖。安装 8 个排气凸轮轴轴承盖螺栓，并从内到外螺旋式紧固至 8N·m。

3）用适当的工具清洁第一凸轮轴轴承座和气缸盖的密封面。清除油管中的残余密封胶。将第一凸轮轴轴承盖定位到气缸体上。

4）安装第一凸轮轴轴承盖螺栓并分两遍紧固。第一遍紧固至约 2N·m，第二遍紧固至 8N·m。

5）安装正时同步带后盖。安装 4 个新的正时同步带后盖螺栓并紧固至 64N·m。

6）水平对准凸轮轴，如图 7-1-17 所示，直至凸轮轴锁止工具可以插入两个凸轮轴内，如图 7-1-18 所示。

7）安装进、排气凸轮轴位置执行器调节器，将凸轮轴正时带轮锁止工具插入凸轮轴位置执行器调节器中。

图 7-1-16　进气凸轮轴轴承盖螺栓紧固

图 7-1-17　水平对准凸轮轴

11. 安装正时同步带张紧器和惰轮

1）安装正时同步带张紧器并将新的正时同步带张紧器螺栓紧固至 20N·m，如图 7-1-19 所示。

图 7-1-18　插入凸轮轴锁止工具

图 7-1-19　安装正时同步带张紧器

2）安装正时同步带惰轮和螺栓，将新螺栓紧固至 25N·m，如图 7-1-20 所示。

12. 安装正时同步带及曲轴扭转减振器

1）通过曲轴扭转减振器螺栓沿发动机旋转的方向将曲轴转动到第一缸做功行程上止点，如图 7-1-21 所示。

2）安装飞轮固定工具，并通过起动机齿圈锁止飞轮，如图 7-1-22 所示。

3）安装正时同步带，如图 7-1-23 所示，向正时同步带张紧器顺时针方向施加初步的张紧力，如图 7-1-24 所示。

4）拆下正时同步带张紧器杆，释放正时同步带张紧器上的张力。

5）安装曲轴扭转减振器和新螺栓并使用角度测量仪分三遍拧紧（第一遍紧固至 95N·m，第二遍紧固 45°，第三遍紧固 15°），如图 7-1-25 所示。

图7-1-20　安装正时同步带惰轮

图7-1-21　第一缸做功行程上止点

图7-1-22　安装飞轮固定工具

图7-1-23　安装正时同步带

图7-1-24　张紧器顺时针施加张紧力

图7-1-25　安装曲轴扭转减振器

6）拆下飞轮固定工具和凸轮轴正时带轮锁止工具。

7）检查凸轮轴位置执行器调节器的位置，通过曲轴扭转减振器螺栓沿发动机的旋转方向将曲轴旋转720°，将凸轮轴正时带轮锁止工具插入到凸轮轴正时带轮中，如图7-1-26所示。

13. 安装水泵及带轮

1）清洁密封面。

2）安装水泵和螺栓，如图 7-1-27 所示，将螺栓紧固至 8N·m。

图 7-1-26　安装正时带轮锁止工具

图 7-1-27　安装水泵

3）将水泵带轮安装至水泵，将水泵带轮螺栓紧固至 20N·m。

4）安装正时同步带上前盖，将 4 个螺栓紧固至 6N·m。

14. 传动带的安装

1）安装传动带并检查其位置。确保传动带被定位在发电机带轮、曲轴扭转减振器、传动带张紧器和水泵带轮上，传动带必须位于水泵带轮的两个法兰之间。

2）通过逆时针转动张紧器来释放张力。

3）拆下锁销，让张紧器缓慢滑回原位。

4）顺时针转动张紧器，调整螺栓以对张紧器施加张力。

15. 其他附件的安装及安装后的检查

发动机的附件包括排气歧管隔热罩、排气歧管、排气歧管衬垫、歧管支架、进气歧管衬垫、进气歧管、发动机线束等。应按维修手册规定的顺序进行安装。

1）大修后的发动机在起动前应仔细检查一遍发动机的安装情况，确保所有零部件都已装配完好。

2）确认各线束插接器都已连接到正确的位置，轻轻拉动各插接器，检查其连接是否可靠。

3）检查各处螺栓或者螺母，确认紧固良好无松动。

4）检查是否有零件遗落在托盘或者工作台上。

5）检查所有的卡箍是否安装在正确的位置。

6）检查发动机中注入的机油是否达到油尺的规定标记。

7）检查是否有冷却液或者机油从软管或者管道接头处泄漏。

8）检查传动带是否安装在正确的位置上，各传动带张紧力是否合适。

9）起动发动机，检查发动机起动时是否有异常声响。

10）检查燃油系统各管路及各接头处，确认无漏油。

⇪【任务小结】

本任务介绍了汽车发动机装配工艺规程及总装步骤，强调总成装配工艺的标准化和规范化。通过任务训练，学生应系统全面地掌握发动机各部件的总装技术与方法，并进一步对前面的项目内容进行复习和总结。

📋【知识拓展】——汽车磨合期的使用规定与维护内容

一、汽车在磨合期的使用规定

为保证汽车的使用寿命，汽车在投入使用时都应进行磨合，经过磨合期维护后，才可投入正常使用。新车、大修车以及装用大修发动机汽车的磨合期规定为：

1）磨合期里程为 1000～3000km。

2）在磨合期内，应选择较好的道路并减载限速运行。一般汽车按装载质量标准减载 20%～25%，并禁止拖带挂车；半挂车按装载质量标准减载 25%～50%。

3）在磨合期内，驾驶人必须严格执行操作规程，保持发动机正常工作温度；磨合期内严禁拆除发动机限速装置。

4）磨合期内认真做好车辆日常维护工作，经常检查、紧固外部各螺栓、螺母；注意各总成在运行中的声响和温度变化，及时进行调整。

5）磨合期满后，应进行一次磨合期维护，其作业项目参照制造厂的要求。

6）进口汽车按制造厂的磨合期规定进行，有些高级轿车按规定无磨合期。

二、磨合期维护内容

新车和修复车在磨合期满后，应进行一次磨合期维护。该维护一般由制造厂指定的维修厂家负责完成。其作业内容为清洁、检查、紧固和润滑，主要作业项目如下：

1）更换发动机机油。

2）更换机油滤清器。

3）检查变速器和发动机的泄漏情况。

4）检查发动机冷却系统的冷却液量，制动系统的制动液量，风窗玻璃洗涤器液面等。

5）检查转向系统的工作状况，包括转向机、转向球头等；检查传动轴及前、后悬架系统；检查轮胎气压；检查制动系统的制动性能。

任务 7.2　发动机验收基本条件

📋【任务导入】

雪佛兰 4S 店来了一批新员工，技术经理委托你对新员工进行入职培训，按照培训计划安排，本次的培训任务为对刚经过大修的雪佛兰科鲁兹轿车的发动机进行验收。

【任务目标】

1. 能通过查阅相关维修技术资料等方式，获取车辆资讯与信息。
2. 掌握汽车发动机验收应符合的条件。
3. 掌握验收过程中设备与工具的正确使用方法。

【知识准备】

一、发动机验收应符合的条件

1）发动机在正常工作温度下，5s内能迅速起动，怠速、中速、高速运转均匀、稳定。

2）发动机在正常工作状况下，不得有过热现象。转速改变应过渡圆滑；突然加速或减速时，不得有爆燃或回火现象。

3）发动机不允许有活塞敲缸声和活塞销、连杆轴承、曲轴轴承等异响。

4）发动机最大功率应不低于原厂规定的90%，最大转矩应不低于原厂规定的95%，最低燃料消耗应符合原厂规定。

5）发动机气缸压力应符合原厂规定，汽油机各缸压力差不超过各缸平均值的8%，柴油机不超过10%。

6）发动机排放限值符合GB 7258—2017《机动车运行安全技术条件》的规定。

7）发动机热磨合后，不应有漏油、漏水、漏气、漏电现象。

8）发动机各部位螺栓、螺母的拧紧力矩符合有关规定。

二、发动机验收中允许的现象

1）允许正时带轮有轻微而均匀的声响。
2）允许气门杆与气门挺柱间有轻微的声响。
3）允许机油泵有轻微的声响。

【任务实施】

一、任务准备

1. 实训设备
大修竣工的科鲁兹LDE发动机。

2. 实训工具
磨合检修设备、专用工具等。

3. 实训资料
实训工作页、维修手册、教材。

4. 辅助材料
抹布、白板笔。

发动机验收基本条件

二、任务实施

发动机在修理和装配过程中，各零件间的摩擦表面难免有或多或少的微观及宏观的缺陷，为了降低零件表面粗糙度，使其得到更好的配合，同时也为了便于检验修理质量和消除在修理或装配中隐藏的某些缺陷，在发动机装复后，应进行发动机的冷磨和热试。

1. 冷磨

冷磨是由外在动力带动发动机运转，在不同转速下运转一定时间的磨合。

（1）冷磨的前提条件 发动机冷磨时不装火花塞，不加冷却液和燃油。

（2）润滑系统用稀机油 应用稀薄的 6 号机油润滑，如机油较浓，可在机油中加入 15% 的煤油或轻柴油。

（3）冷磨时间和转速 冷磨时曲轴转速由低速到高速应分为三个阶段进行，见表 7-2-1。

表 7-2-1 发动机的冷磨规范

磨 合 阶 段	曲轴转速/(r/min)	冷磨时间/min
1	200	50
2	400	50
3	800	30

冷磨时间的长短，应根据零件加工质量和装配情况而定，加工表面粗糙度小，冷磨时间可缩短，反之则长。一般情况冷磨时间为 1.5 ~ 2h。冷磨一段时间后，装好火花塞，借助气缸的压缩压力来增加冷磨载荷是极为有益的。

（4）冷磨注意事项

1）冷磨中注意事项。在冷磨的整个过程中，都要注意观察机油压力是否正常，各机件的工作情况是否良好，如发现有不正常现象或异响，应立即停止，检查排除后再进行冷磨。

2）冷磨后注意事项。冷磨后放出全部机油，用 80% 的柴油和 20% 的机油混合成清洗液加入发动机，运转 5min，然后放出，以清洗油道及各摩擦副。也可视情况将发动机再行分解，检查活塞、活塞环与气缸接触情况，各轴颈与轴承的磨合是否正常等。然后修整接触不良的部位，排除发现的故障，并将发动机各部件清洗干净，按规定全部装复，进行热试。

2. 热试

起动完全装复好的发动机，以自身产生的动力进行试运转的过程叫做热试。其中发动机自行空运转的磨合称为无负荷热磨合；加载运转的磨合称为有负荷热磨合。热试的目的是检查发动机的工作性能，保证发动的正常使用。

（1）热试的前提条件 加正常使用的机油，加注冷却液，接通燃料供给系统、起动系统和点火系统，接通机油压力表、冷却液温度表、发动机转速表等。

（2）发动机温度要求 在热试时，水套的温度应保持在 75 ~ 90℃。若发动机温度过高，可能出现胀缸或拉缸等故障。

（3）热试时间和转速 一般应按三个阶段进行，见表 7-2-2。

表7-2-2　发动机的热试规范

磨 合 阶 段	曲轴转速/(r/min)	工作时间/min
1	700～900	50
2	1000～1200	30
3	1400～1500	30

（4）热试注意事项

1）观察衬垫、油封、水封及接头处有无漏油、漏水、漏电、漏气的现象。

2）查看电流表、机油压力表和冷却液温度表的读数是否正常。

3）调整点火装置和怠速转速。

4）检查各缸工作是否良好。

（5）热试后的拆检　热试后可视情况进行拆检，拆检的主要内容如下：

1）检查气缸壁磨合情况是否正常，有无拉缸现象。

2）检查曲轴箱内的清洁情况和螺栓、螺母的紧固锁止情况。

3）检查曲轴轴承、连杆轴承和轴颈的磨合情况。

4）重新调整气门间隙。

5）重新按规定力矩拧紧气缸盖螺栓。

☞【任务小结】

　　本任务主要介绍了发动机大修竣工之后如何进行验收及验收要求。通过任务训练，学生应掌握在验收过程中设备及工具的正确使用方法，同时应会根据相关标准验收发动机，进而达到与实践相适应的检修要求。

参 考 文 献

[1] 蒋瑞斌，黄敏雄. 汽车发动机机械系统检修 [M]. 北京：机械工业出版社，2014.

[2] 李清明. 汽车发动机机械系统维修 [M]. 北京：机械工业出版社，2013.

[3] 武忠. 汽车发动机机械系统检修 [M]. 北京：机械工业出版社，2013.

[4] 占百春，徐展. 发动机机械系统故障检测诊断与修复 [M]. 北京：北京出版社，2014.

[5] 顾瑄，孙广珍，王芳. 汽车发动机机械系统检修 [M]. 北京：人民邮电出版社，2013.

[6] 麻常选，王小娟，杨祖闹. 汽车发动机机械系统检测 [M]. 上海：同济大学出版社，2017.

[7] 杨志，韩加虎. 汽车发动机机械系统故障诊断与维修 [M]. 上海：同济大学出版社，2014.

[8] 张尚伟. 发动机机械系统检测诊断与修复 [M]. 上海：上海交通大学出版社，2014.

[9] 向志伟. 汽车发动机结构与维修一体化教程 [M]. 沈阳：东北大学出版社，2015.

[10] 仇雅莉，钱锦武. 汽车发动机构造与维修 [M]. 北京：机械工业出版社，2008.

[11] 汤少岩，徐永亮. 汽车发动机构造与维修 [M]. 上海：上海交通大学出版社，2014.

[12] 臧杰，阎岩. 汽车构造：上册 [M]. 2 版. 北京：机械工业出版社，2012.